INTRODUCTION

A LA POLITIQUE RATIONNELLE,

OU

Théorie du Gouvernement représentatif,

PAR

M. J. CÉNAC-MONCAUT;

AVEC UN APPENDICE

Sur les Devoirs de l'homme.

1847.

PARIS,

JOUBERT, Editeur, Libraire de la Cour de Cassation,

Rue des Grès, 14, près de la Sorbonne.

INTRODUCTION

A LA POLITIQUE RATIONNELLE,

ou

Théorie du Gouvernement représentatif.

> « A vouloir se passer de la théorie, il y a
> la prétention excessivement orgueilleuse, de
> n'être pas obligé de savoir ce qu'on dit quand
> on parle, et ce qu'on fait quand on agit »
>
> ROYER-COLLARD.

> « Tant que la puissance politique et la philo-
> sophie ne se trouveront pas ensemble, il n'est
> point de remède aux maux qui désolent les
> états, ni même à ceux du genre humain. »
>
> PLATON.

AVANT-PROPOS.

PARALLÈLE DE LA NATURE PHYSIQUE ET DE LA NATURE MORALE.

Toute organisation, quelle que soit sa nature physique ou morale, ne vit que par le mouvement. Si cahós et immobilité sont synonymes, vie et action ne le sont pas moins; mais cette action peut être régulière ou irrégulière; dans le premier cas, elle se maintient dans un état normal de durée; dans le second, elle parcourt au hasard des chances de destruction et de rétablissement fortuits. Les lois de Dieu partent d'un principe unique; nous n'en voudrions pour preuve, que le lien de ressemblance qui domine l'ordre physique et l'ordre moral, malgré les différences apparentes qui atteignent leur modification. En effet, la conservation et la durée sont, dans l'un et l'autre système, attachées à l'équilibre, et la destruction à l'irrégularité et au désordre. Examinons la constitution de l'univers; quelle est sa base? Une proportion de force centrifuge et de force centripède, qui met les corps célestes en marche,

1

et les retient toutefois dans une circonférence qui résoud le problème d'un mouvement régulier et sans fin.

Cette balance entre l'attraction et la répulsion doit se retrouver dans tous les agents de la nature; car tout phénomène dans lequel un de ses leviers dominerait constamment l'autre, irait vers une destruction sans remède; l'attraction, maîtresse absolue, finirait par tout solidifier, ou la disjonction par tout volatiser. Ce n'est pas que Dieu ait soumis tous les rouages au même jeu; il ne les a pas fait tourner dans le même sens, mais s'engrener les uns dans les autres et se servir réciproquement de leviers et de contre-poids. Dans ces modes divers d'organisme, certains agens portent en eux-mêmes des causes d'harmonie à l'abri de toute destruction; d'autres, au contraire, paraissent soumis à une tendance pernicieuse, à un engorgement sans mesure, qui les conduiraient à l'anéantissement, si l'intervention énergique d'un bouleversement ne venait rétablir l'équilibre rompu. Funeste nécessité des orages et des cataclysmes géologiques, faut-il que vous nous donniez le sens fatal des révolutions politiques, ces orages des sociétés!

LOIS ET PHÉNOMÈNES DE LA MATIÈRE.

Les progrès et les classifications nouvelles de la physique et de la chimie, en détrônant les quatre éléments anciens, ne peuvent empêcher l'eau, l'air, la terre et le feu, d'être les leviers principaux du système de notre globe; or, quand on étudie leur mécanisme, de quels phénomènes est-on frappé?

L'air, par sa légèreté et l'action graduée des saisons, se maintient en agitation constante; dilaté par le soleil des tropiques, qui le chasse vers les pôles, il est répercuté par le froid, qui le rejette sur l'équateur; de là, un mouvement de va et vient où l'on ne saurait entrevoir de dérangement probable, si des agents étrangers ne venaient y porter de passagères perturbations. La chaleur, à son tour, exhalée par le foyer intérieur, et combinée avec le rayonnement solaire, conserve la même liberté dans ses fluctuations; et les saisons se servent de contre-poids l'une à l'autre, avec une régularité qui ne pourrait être arrêtée que par le refroidissement du noyau central, ou du soleil; refroidissement autrefois très-sérieusement redouté, mais repoussé aujourd'hui par l'astronomie et la physique, malgré les craintes sérieuses de Buffon et de Lalande. L'eau, élément principal de vie, suit encore les mêmes règles d'équilibre. Nous n'avons jamais arrêté notre pensée sur l'hydrostatique terrestre, sans être frappés d'une suprême admiration. Quelle disposition plus étonnante en effet, que cette absorption des fluides marins par la vaporisation, le transport des vapeurs sur les continents par les vents impulsifs et cette alimentation des glaciers des montagnes, qui conservent la neige jusqu'à ce que les fleuves ramènent l'élément liquide à la mer.

Il est un agent actif et terrible, cependant, frère du calorique, s'il n'est pas son fils, qui porte parfois le désordre dans cet hymen de l'air, de la chaleur et de l'humidité ; uniformément répandue dans les saisons et les régions froides, l'électricité s'accumule parfois sous l'influence de la chaleur, se condense, s'irrite par sa propre concentration, et forme ces amas de nuages lourds et menaçants qui accablent la nature sous une torpeur maladive. Qu'arriverait-il, si les lois physiques de la providence n'avaient pas ménagé la réaction violente des ouragans et des orages pour disperser cette concentration électrique ? le mal toujours empirant, finirait par engourdir, par frapper de mort les animaux, et par dessécher les plantes. Mais l'atmosphère, fatiguée de fluides, s'agite, se révolte, lance le trop-plein d'électricité par mille éclairs, le vent achève la dispersion, et l'orage devient le réparateur d'un équilibre un moment interrompu.

Une révolution violente est donc aujourd'hui le seul remède à cette maladie de la nature ; mais supposons que cet excès de richesse électrique fût prévenu par des moyens de dégorgement successifs. Supposons une série de paratonnerres assez nombreux, assez puissants, pour dévier le fluide à mesure de sa formation ; il y aurait évidemment avortement d'orage et conservation d'état normal..... N'oublions pas cette considération importante, nous serons ramenés à ces paratonnerres dans l'étude des phénomènes sociaux.

Mais ce n'est pas de l'électricité seulement, que l'organisation physique éprouve des perturbations. La terre elle-même, théâtre des éléments, apporte au mécanisme de l'eau des entraves dignes d'un examen sérieux.

Aux premiers jours de la création, la Genèse comme la science, nous montre le globe entièrement submergé. *L'esprit de Dieu se mouvait sur les eaux.* Le globe (primitivement masse fusible peut-être), arrondi dans son mouvement de rotation, n'avait aucune partie déprimée qui pût servir de réceptacle aux eaux et réunir les mers. Tous les rayons de la circonférence étant alors égaux, l'eau, qui obéit à la loi d'attraction, dans chacune de ces molécules, n'avait pas de raison pour se porter sur un point de préférence à un autre ; elle se tenait uniformément étendue sur une sphère uniforme ; et de là, cahos, inhabitabilité, stérilité.

Mais le globe gronde dans ses entrailles, le foyer central agite la matière volcanique, la croûte supérieure s'entrouvre, se boursoufle inégalement, et les continents soulevés du sein des eaux, forcent ces dernières à se réfugier sur les points restés plus bas, où elles forment l'Océan. *Dieu dit : que les eaux soient rassemblées en un lieu et que le sec paraisse.*

Un bouleversement a complété tout le système de la fertilité terrestre, par les irrigations naturelles, combinées avec la chaleur. Tandis que le soleil dessèche la couche vaseuse, laissée à découvert, les réservoirs marins, vaporisés sous la même influence, enfantent les nuages qui retombent en pluie sur les plateaux, coulent en torrent, labourent la couche

limoneuse, et l'entraînent jusqu'aux mers, qui reculent devant ces atter-
rissements. Rien n'égale les caprices de ces courants vagabonds; maîtres
absolus d'un sol vierge, chacun creuse sa gorge au milieu des rochers
granitiques, et sa vallée dans les terres inférieures.

Ce premier travail gigantesque et rapide se calme, mais il ne s'arrête
pas; et chaque jour voit encore quelques montagnes s'écrêter, quelques
côteaux s'ébouler, et leurs débris glisser vers l'Océan. Ainsi, depuis le
cataclysme qui exhaussa les plateaux d'Asie, des Alpes et des Cordilières,
une force opposée plus ralentie, mais plus continue, travaille à rendre
au globe sa première uniformité; tous nos vieux monuments s'enfoncent
dans le sol dépassé par les alluvions; chaque inondation du Rhin charrie
des fragments de la Suisse dans les Pays-Bas; le Delta du Nil est un vol fait
à l'Abyssinie; la Louisiane, autrefois golfe et un récipient des hautes vallées
Américaines, entraînées par le Mississipi. Demandez au Tanaïs qui a formé
la Crimée? Au Rhône, qui a formé la Camargue? Sous ce travail puissant,
les mers se comblent, se rétrécissent; la Méditerranée a reculé de trois
lieues sur nos côtes; le sol de la Baltique s'est tellement élevé, qu'on pré-
voit le jour où la grande navigation y sera interdite. Ainsi, partout les
mêmes témoignages d'une tendance contraire au premier effort qui sou-
leva les continents. Quelque lent que soit le travail, la loi de la pesan-
teur est invariable, rien ne vient relever les plateaux abaissés. Donc, la
plus rigoureuse logique nous montre un avenir, où la terre ferme s'af-
faissant de plus en plus au niveau des mers, les eaux stagnantes y dé-
truiront toute chaleur végétale (une grande partie de nos plaines en
éprouvent déjà les avant-coureurs), et un jour peut-être, dominées
par l'Océan, à l'instar des modernes Pays-Bas, les tempêtes viendront la
balayer de leurs vagues furieuses, comme à l'époque où *l'esprit de Dieu*
se mouvait sur les eaux.

Quelle solution devons-nous attendre dans un problème où l'espèce
humaine est mise en question? le néant?...... Non, mais une nouvelle
révolution volcanique, qui, répétant le premier effort du sol, le relèvera
au-dessus des eaux. Révolution violente, mais providentielle, qui ramè-
nera la vie là où descendait le cahos.

L'imagination secondant la raison, entend une affreuse fermentation
agiter le centre du globe, elle voit la surface s'émouvoir, se crevasser, et
dilater ses parois. Le fond de la Baltique s'élève, celui de la Méditerranée, de l'Océan, suivent le mouvement; ils suspendent leurs coquillages,
leurs poissons envasés au sommet de montagnes nouvelles; ils étalent au
soleil des continents improvisés, et les flots, chassés de leurs anciens lits,
se réfugient sur les continents modernes; l'Europe, l'Asie, l'Afrique,
deviennent le vase de nouveaux océans, au-dessus desquels l'Ymalaya,
les Alpes, les Cordilières, montrent leur épine dorsale, comme les archi-
pels d'une autre Océanie; derniers asiles des vieilles races détruites, ils
sauvent leurs traditions et leurs progrès; germes féconds de la civilisation

nouvelle, ils renoueront la chaîne du passé à celle de l'avenir, comme Noé relie le monde antédiluvien à l'ère suivante. Cataclysme effrayant sans doute, et qu'on doit renoncer à peindre, puisque, peuples, monuments, animaux, végétation, tout ce que nous admirons aujourd'hui, disparaîtra sous les eaux, et reportera l'humanité aux premiers jours de la création; et cependant cataclysme providentiel, puisqu'il relèvera d'autres théâtres, au moment où les anciens allaient disparaître. Principe de vie ménagé à côté du principe de mort, comme la reproduction dans les animaux et les plantes..... Et à considérer les choses des hauteurs de l'éternité, des continents qui cèdent la place à d'autres, sont-ils plus à regretter que ces générations qui, chaque jour, se réfugient dans la tombe, battant en retraite devant celles de l'avenir?....

Ainsi, l'univers nous présente deux ordres de phénomènes; dans les uns, mouvement régulier, entretenu par un contre-poids qui se suffit à lui-même, comme l'action de l'air, du feu, comme les rouages des astres; ces harmonies sublimes d'action et de réaction. Dans les autres, mécanismes en apparence incomplet, atteint d'une maladie organique, qui va tous les jours s'aggravant, et qui ne peut recouvrer les fonctions vitales, que par un bouleversement qui substitue des organes sains à des organes affaiblis.

Telle la création physique, telle l'organisation morale; comparons-les......

La sociabilité du genre humain, fonctionne par l'accord de principes semblables à ceux de la nature physique : l'attraction et la répulsion. Si la mécanique céleste demeure dans un équilibre parfait, c'est que chaque globe obéit au double moteur de la force centrifuge et de la force centripède, et qu'il ne change jamais de poids, de vitesse, ni de route; mais supposez un instant que ce parfait contre-poids dérangeât son action, qu'un satellite tombât sur sa planète; celle-ci augmentant de volume, envahirait le cercle attractif de la planète voisine, et de chute en chute, l'univers reviendrait à son premier état de chaos.

Eh bien, considérons dans le monde politique, les divers éléments sociaux qui le constituent : pouvoir domestique, royauté, aristocratie, peuple (car toute société, quelque soit son caractère dominant, les renferme tous à un degré plus ou moins développé), nous reconnaîtrons que ces agents, comme les éléments de la nature, comme les corps célestes, ont une force inévitable d'attraction qui les porte aux progrès et à l'envahissement. Si l'on oppose un régulateur qui conserve à chacun sa puissance particulière, et l'empêche d'être envahi, on introduira l'ordre, sans arrêter le mouvement, on établira l'harmonie;

si on dérange l'équilibre, au contraire, si on abandonne chaque levier à son instinct vagabond et dominateur, quelque faible que soit d'abord son avantage, il fixera l'attraction de son côté, il grandira aux dépens de ceux qui l'entourent, et la société, qui ne lui aura pas ménagé de digue, finira par devenir purement démocratique, purement monarchique, ou purement oligarchique, etc., etc..... Il pourra y avoir régularité, puissance même, mais cette prospérité sera ternie par l'abrutissement, la misère et l'esclavage.

Et cependant, telle a été la marche du monde depuis la création jusqu'à nos jours. Chaque nation a tout sacrifié à une unité oppressive; chaque système, despotisme, république, oligarchie, a enrayé successivement à son profit les rouages de tous les autres pour dominer seul à son tour, et tout envahir, tantôt par les lois, tantôt par la violence; ne faisant jamais de concession à un mouvement normal. Aussi un jour venait où l'engorgement était à son comble; la nation aurait péri si une révolution (cataclysme des sociétés) n'était venue élever un élément nouveau à la place d'une force usée par son exagération même.

Consultons l'histoire :

La Grèce, inconstante, fatiguée du règne long et glorieux de sa première oligarchie féodale, de cette oligarchie dont la guerre de Troyes, avec ses Achille et ses Agamemnon forme l'apogée, renverse peu à peu cette organisation héroïque, et proclame cette liberté populaire qui enfante l'ère à jamais célèbre de la philosophie, des beaux arts, des constitutions, de la poésie, de la civilisation grecque enfin ; cependant, absorbante comme le génie guerrier de la première époque, cette civilisation finit aussi par tout corrompre: elle dissout la nationalité à force de liberté individuelle; elle jette l'anarchie dans les intelligences, à force de subtilités scolastiques; elle énerve les corps et les mœurs à force de luxe, de volupté, d'avarice et d'orgueil ; et alors la nation entière, réfugiée chez les courtisannes et les rhéteurs, ne conserve plus ce germe vital d'énergie qui constitue l'existence des nations. Malgré Philopœmen et ses derniers héros, elle devient la proie de la conquête romaine, préparée par celle des Macédoniens; elle serait tombée esclave de ses despotes intérieurs, si l'invasion étrangère ne lui avait épargné ce dernier opprobre.

A l'autorité *oligarchique* des pères de famille, succéda, à Rome, la puissance républicaine. Appuyée sur le patriotisme le plus robuste et le plus absolu, celle-ci conquit le monde et le fit tomber à ses pieds, frappé de terreur et de surprise; mais quand la terre manqua à l'élément de la conquête, Rome se replia sur elle même, se déchira de ses propres mains, et, lasse de porter le poids de l'univers, elle endormit sa fierté et son héroisme, dans les bras de la plus abjecte tyrannie.

En France, la féodalité, débarrassée de la monarchie, dont elle avait laissé éteindre la puissance sous les successeurs de Charlemagne, n'ayant d'ailleurs rien à redouter des communes, détruites par l'invasion des barbares, éleva le pouvoir individuel à l'aide de l'anarchie ; elle se ligua avec l'Anglais sous Charles VI, partagea le territoire en autant d'états qu'il y avait de grands seigneurs audacieux, et ne laissa subsister du bel empire de Charlemagne, que des lambeaux appelés Provence, Anjou, Languedoc, Bourgogne, Bretagne......

Qui aurait pu arrêter le mal ? Aucun modérateur n'avait été laissé debout pour lui résister ; les destinées de la France marchaient au hasard, selon le caprice des grands vassaux. Que fallut-il pour barrer le torrent ? Quelques rois fortes têtes, qui, par la guerre, les mariages ou la spoliation, et parfois avec l'appui des communes, arrêtèrent la dissolution et le morcellement. Charles VII, Louis XI, François Iᵉʳ, Henri IV, Louis XIII, Richelieu surtout, écrasèrent l'hydre et rétablirent l'unité ; mais l'unité égoïste du despotisme. A la féodalité oppressive succéda la royauté absolue ; sous Louis XIV et sous Louis XV, toute la France se réfugia dans la cour ; les descendants des grands vassaux n'étaient plus que des courtisans d'antichambre, titres et cordons jetèrent encore quelque vernis sur cet état d'abaissement ; mais en sondant les choses, qu'était une noblesse qui n'avait de prestige que par le bon plaisir du roi ? Qu'était un peuple qui n'avait ni prérogatives ni garanties ? La royauté, enorgueillie de sa toute-puissance, ne sut pas comprendre, par la ruine de la féodalité, que toutes les choses humaines sont fragiles. A force de concentrer la France dans son palais de Versailles, elle éprouva cet anévrisme qui annonce les agonies incurables ; elle voulut alors essayer d'un régime à infusion démocratique ; il était trop tard. En introduisant ce levier dans le jeu de la machine, elle resta pleine d'appréhensions et de réticences ; elle ne réunit les États-Généraux que pour la forme, ou plutôt pour le résultat pécuniaire ; on ne se comprit pas, on se soupçonna, on s'irrita ; et la royauté, qui n'avait pas su conserver une aristocratie normale, en détruisant les grands vassaux, se vit traité sur les mêmes errements par la colère démocratique. Une fois la plus forte, celle-ci ne voulut reconnaître aucune barrière, elle fit litière de la royauté, du clergé, de la noblesse, et se gorgea si follement de démagogie, qu'elle tomba bientôt de lassitude sous le despotisme brutal des chefs de parti. Si Robespierre eût été un César, ou Napoléon un Tibère, quel aurait été le destin de la France ?.....

Ainsi, depuis les premiers jours de l'histoire jusqu'aux derniers, nous voyons toujours des principes absolus et violents qui se substituent par la force à d'autres principes violents et absolus ; jamais de concessions pondératrices entre les divers éléments politiques. Ces observations, que nous pourrions étendre de la France à tous les peuples voisins, s'appliquent plus rigoureusement encore à l'antiquité. On doit la consulter pour éviter ses écarts, mais non pour imiter ses systèmes. L'essai qu'on voulut en faire, il y a soixante ans, donna des résultats trop ridicules et trop

funestes. Cherchons les problèmes de l'avenir en étudiant le passé comme point de départ, mais non en prenant ce passé pour modèle.

En économie sociale, la sagesse du présent s'élève au-dessus des siècles antiques; si elle n'a pas encore posé le critérium de l'harmonie dans l'application, elle a du moins promulgué le principe bienfaisant et fertile de solidarité et d'éclectisme politique.

Jadis toute fraction triomphante basait sa puissance sur l'anéantissement des autres: celles-ci, à leur tour, n'attendaient leur réveil que d'une révolution. On renonce aujourd'hui à détruire certains éléments sociaux pour faire place nette à un pouvoir de prédilection; le droit de tous à concourir au mouvement politique est reconnu; on ne discute que sur la part de prérogatives inhérente à chacun. Rendons hommage à la proclamation de ces axiomes, à leur acceptation presque universelle; n'entrons dans la lice que pour chercher sans passion les proportions dans lesquelles chaque élément doit contribuer au mécanisme politique pour maintenir son existence, et ménager en même temps ces contre-poids politiques, véritables paratonnerres destinés à détourner les tendances despotiques, à arrêter les exagérations de pouvoirs quelconques, et prévenir les révolutions violentes. Ces cataclysmes de l'ordre social sont toujours regrettables; néanmoins, quand un élément se développe outre mesure, en refusant aux autres leur juste part d'influence, il faut bien reconnaître l'indispensabilité d'une commotion.

. . . .

Des hommes portés à soupçonner des opinions matérialistes, partout où la matière est mise en parallèle avec l'homme, se hâteront peut-être de nous accuser de fatalisme. Nous repoussons toute tendance anti-spiritualiste avec énergie. La comparaison de certains phénomènes de la nature physique avec les vicissitudes des sociétés, n'est pour nous qu'un moyen plus saisissant de donner un relief clair et précis à la marche des révolutions politiques. Si l'on veut bien borner nos termes de ressemblances à l'étendue que nous leur avons donné dans les lois générales de la providence, on ne leur refusera pas un degré éminent de certitude. Qu'on veuille bien nous lire attentivement jusqu'à la fin, on se convaincra que le matérialisme, le fatalisme, n'envahissent pas nos principes politiques par la plus légère infiltration, nous subordonnons toutes les commotions à la prudence ou à l'aveuglement de l'homme, et nous laissons ce dernier, maître d'assurer la durée des empires par la sagesse, ou de préparer leur dépérissement par l'égoïsme et la corruption.

DE LA VÉRITÉ POLITIQUE.

On a mis en question si la vérité était absolue ou seulement relative; les philosophes lui accordent le premier caractère dans les sciences exactes où ils ont pu le reconnaître; mais ils le lui contestent dans la politique, même dans la morale où ils ne l'ont pas encore découvert. La distinction nous paraît insoutenable; et nous établirons que la vérité est *une* et *absolue* dans les lois de la morale comme dans celles de la matière.

Nous étions bien jeunes quand nous écrivions ce principe qui peut aujourd'hui nous servir d'épigraphe : *le droit est la volonté de l'homme sanctionnée par celle de Dieu*; ou si l'on aime mieux : *le droit est la volonté de Dieu promulguée par la droite raison de l'homme.* En effet, l'homme peut faire des lois différentes à Constantinople, aux États-Unis, en Chine et en Angleterre; il peut les adapter plus ou moins bien à un état de civilisation donné; mais leur justesse n'est que conventionnelle, tant qu'elle ne se rencontre pas identique avec la vérité suprême. C'est en vain que nous sommes fiers de nos découvertes progressives : Dieu est le même dans tous les points de la durée et de l'étendue; la vérité, n'étant qu'une émanation de son essence infaillible, doit être également immuable. Quoique nous ne la découvrions pas d'abord, elle existe en dehors de nos lois; nos tâtonnements même ne font que révéler notre besoin de la découvrir; la terre tournait-elle moins, l'atmosphère pesait-elle moins avant la découverte de ces deux phénomènes? Dans nos recherches ardentes, les vérités matérielles sont les premières qui sont révélées à l'homme; que d'erreurs toutefois, avant qu'elles soient fixées irrévocablement...... Un principe doit guider toutes nos recherches. Dieu créa le monde moral ainsi que le monde physique; et Dieu lui-même a ses lois, dit Montesquieu.... ses lois qu'il ne peut enfreindre; car, s'il abdiquait la sagesse, la toute-puissance, il ne serait plus Dieu, et l'univers, privé de la direction d'une intelligence parfaite, retournerait au cahos. Donc, le droit humain étant la volonté de Dieu, promulguée par la raison de l'homme, et la sagesse de Dieu étant immuable dans toutes les modifications de son être; il s'en suit, qu'il existe une vérité politique aussi absolue que la vérité mathématique. L'homme imparfait peut la fausser dans l'appréciation; mais le créateur, être parfait, ne peut l'ignorer : il attend que nous sachions en résoudre le problème par une connaissance approfondie de la destinée de l'homme social.

Notre pensée s'arrête intimidée devant la grandeur d'un tel sujet, et c'est le génie de Montesquieu qui aurait dû fixer les règles de la vérité politique; mais cet esprit profond a laissé cette question à part, pour n'examiner que les différentes formes du gouvernement, telles que l'histoire les lui offraient; avec leur plus ou moins d'appropriation aux climats, aux mœurs, et aux époques.

Nous allons porter la question plus haut, et dire avant toutes choses :

Rien ne ressemble au tout, comme la partie; la molécule d'air, celle de l'eau, ont les mêmes propriétés que la masse qu'elles concourent à former; la branche a le même organisme que le tronc. La société humaine étant un composé d'hommes, la somme, suivant le même principe, devra ressembler à l'unité. Examinons l'individu, que nous offre-t-il ? Des organes matériels, une intelligence qui les dirige, et entre ces deux principes, un lien d'harmonie, caché si l'on veut, puisque les anatomistes n'ont pu encore en fixer le siège, mais qui n'en est pas moins constant, puisque l'ensemble fonctionne d'après des règles égales toujours et en tout lieu.

Passons des individus à la société qu'ils composent.

Si nous nous dégagions des influences, de toute idée moderne, si nous soumettions les opinions politiques au doute méthodique, pour analyser l'anatomie d'une nation dans son principe abstrait, trois éléments fondamentaux frapperaient notre attention : 1° la généralité manuellement laborieuse, productrice, nourricière ; 2° l'élite intelligente, directrice, privée de nom distinctif, depuis que celui d'aristocratie n'a plus de cours ; 3° la personnification du principe de cohésion et d'unité, dont le germe se retrouve, dans les dictateurs, les doges, les présidents de république, mais dont l'expression la plus élevée fut toujours la royauté ; chacun de ces éléments ne correspond-il pas à ceux que nous avons distingués dans l'individu, le corps, l'intelligence, l'harmonie des deux. N'oublions pas que nous fesons abstraction des idées modernes, comme des idées anciennes, et que nous n'étudions que la constitution virtuelle de l'état social.

On se tromperait étrangement, en effet, si l'on considérait les trois rouages que nous venons de désigner, comme des combinaisons de fantaisie ; ils sont les organes vitaux de tout peuple organisé ; ils se retrouvent dans chaque coin du globe, et à toutes les époques ; depuis le peuple juif, jusqu'à nos jours, depuis l'état barbare, jusqu'au degré le plus élevé de civilisation. Nous défions qu'on nous cite une nation noire ou blanche, dans un climat brûlant ou glacé, qui ne renferme pas une masse qui cultive et travaille, des hommes de capacité, qui lui donnent l'impulsion, un chef, enfin, qui maintient l'unité. Or, si ces leviers existent universellement en principe et en fait, ils ont le droit imprescriptible d'agir ensemble dans les limites de leur nature ; de là l'axiôme incontestable : que les sociétés ne peuvent être, ni purement aristocratique, ni purement despotique, ni purement démocratique ; ce qui nous conduit aux sociétés constitutionnelles.

Le sujet est vaste et ouvre encore carrière à la controverse, pour fixer la balance des pouvoirs ; toutefois, c'est un pas immense d'en avoir trouvé la base. Nous pourrons plus sûrement tirer nos conclusions.

LIVRE PREMIER.

Éléments fondamentaux de la nation.

LE PEUPLE.

Qu'est-ce que le peuple ? Ne le confondons pas avec la nation, faisceau des trois éléments que nous avons déjà nommés. Le peuple est à une société, ce que le sol est aux productions de la nature ; sans lui, rien n'aurait vie, mais il ne produirait rien lui-même, s'il n'était mis en contact avec un agent de fécondation. Le peuple, principe de force qui laboure, moissonne, confectionne et transporte, renferme sans doute toutes les qualités d'intelligence, de moralité, de courage ; mais elles ne sont en lui qu'à l'état élémentaire, et il n'est pas lui-même leur régulateur ; il a besoin de capacités supérieures, pour les développer et leur donner une impulsion utile.

Placé sur une terre naturellement peu fertile, soumis néanmoins à d'immenses besoins, l'homme ne peut les satisfaire que par de constants efforts ; d'où suit la nécessité générale du travail. Chaque besoin exige un labeur qui lui est propre ; pour se soustraire au froid, il faut tisser, il faut bâtir ; pour se procurer la nourriture, il faut féconder le sol ; à mesure que les intérêts se compliquent, ils réclament plus d'ordre, de garantie et de protection contre l'usurpation et l'imprévoyance ; plus les travaux se multiplient, moins chaque homme peut suffire à leur exécution compliquée. Le besoin de diviser les tâches et de veiller à leur bonne administration se fait vivement sentir ; dès lors, le soin de maintenir l'ordre et la sécurité est exclusivement confié à certains hommes qui forment la force publique ; le règlement des contestations est dévolu à quelques autres, et ainsi de suite, pour le développement des sentiments religieux, pour la propagation des lumières, etc., etc. Chaque fonction administrative et organisatrice, devient le lot spécial de tels et tels individus ; de là, naît pour la généralité ouvrière, le devoir de cultiver, de bâtir, non-seulement pour elle, mais encore pour ceux qui se consacrent à l'utilité commune.

Il arrive une époque enfin, où la somme de force musculaire, combinée avec la fertilité terrestre, ne répond plus à la consommation d'une population toujours croissante, les bras insuffisants réclament l'aide de machines pour accélérer la confection, celui de routes, de canaux, pour activer la circulation des produits. Le peuple artisan, absorbé dans sa tâche journalière, est peu propre à concevoir ces grandes améliorations ; elles germent et se développent d'ordinaire dans la réflexion et l'étude. Quand l'invention est faite, et la mécanique fixée, ses auteurs, savants, ingénieurs, mécaniciens, ne peuvent pas, seuls, appliquer leurs systèmes; toutes les fois qu'elle veut produire une force physique, l'intelligence a besoin du secours des bras; aussi, le peuple est-il encore soumis au devoir de seconder ceux qui le conduisent dans le progrès; non par une obéissance aveugle et passive : mais par la confiance que les capacités faibles doivent avoir dans les capacités supérieures.

Ainsi, deux devoirs principaux pour le peuple; travailler et se confier; et ici, en servant le talent, il ne fait que se servir lui-même, car, les progrès matériels sont plus avantageux à la masse qu'aux exceptions d'élite, et si l'inventeur y trouve gloire et influence, le peuple recueille amélioration et bien-être : voilà ses devoirs, examinons ses droits.

On ne considère pas assez attentivement les deux phases distinctes que présente le développement de l'homme. L'une, est le maintien de son être, elle est inhérente à sa nature fondamentale, telle que Dieu l'organisa dès l'origine; sur elle veille le sentiment inné de justice et de charité. L'autre, plus conventionnelle, résultat des conquêtes de la civilisation, sciences, luxe, beaux-arts, est laissée tout entière aux éventualités de nos facultés bonnes ou mauvaises; car Dieu ne nous donne que l'instinct de la conservation; et quant aux progrès de l'intelligence, il nous laisse maîtres de les développer par la vertu, ou de les abâtardir dans le vice et l'apathie. La justice humanitaire, cette révélation de la providence conservatrice, ne prend donc sous sa sauvegarde que les conditions et les devoirs fondamentaux de la perpétuité de l'espèce. En donnant à la créature un corps fragile et délicat, une âme accessible aux douces affections, mais exposée aux douleurs, Dieu mit à sa disposition, une terre productive pour nourrir ce corps, des bois, des matières filandreuses, pour lui créer un abri; à l'âme enfin, il assura cette liberté qui lui permet de suivre les lois du sentiment religieux, de la morale, de l'amour filial, paternel, conjugal et de la charité. Ces droits imprescriptibles, chaque homme les apporte en naissant; la perversité des méchants, la défectuosité des constitutions peuvent les gêner dans leur exercice; mais Dieu ne peut s'associer à cette dérision contradictoire; aussi nous le répétons : la création d'un corps fragile porte avec elle le droit de pourvoir à toutes ses nécessités; la création d'un esprit intelligent, d'une âme aimante, porte avec elle la liberté de penser, d'être vertueux, d'éviter le mal, d'adorer l'être suprême, d'aimer ses semblables; malheur donc à quiconque refuserait à un frère sa part de pain, et de foyer, qui lui interdirait le bien, le contraindrait au mal et lui ravirait les affections de famille.

Toutefois, le créateur n'est pas allé plus loin; et cette part de biens indispensables une fois assurée, il a laissé aux intelligences plus élevées et plus persévérantes, la faculté d'atteindre plus haut, et de s'approprier les perfectionnements d'une autre échelle; s'il n'a pas dit aux partisans inexorables de la propriété absolue : possesseurs, vous avez le privilége d'user et d'abuser *uti et abuti*, de laisser la terre en friches, de brûler les moissons, pour vous jouer de la vie de vos semblables; il n'a pas dit davantage aux partisans de l'égalité à outrance; hommes ignorants, vous participerez aux jouissances intellectuelles des esprits les plus délicats; natures grossières, vous envierez le culte des beaux-arts, et d'un luxe raffiné que vous ne pourriez pas même apprécier; vous troublerez par les armes les loisirs des hautes intelligences qui se consacrent à la solution des grands problèmes; vous attellerez le génie à la charrue, et vous logerez l'homme inculte dans des musées.

Nul, sans doute, n'a reçu le privilège d'opprimer et de rabougrir la race humaine en l'exposant aux intempéries, aux excès d'un travail destructeur, pour obtenir les raffinements d'un luxe inutile; mais le droit de se nourrir, n'a pas ouvert à la masse un crédit chez les marchands de comestibles exotiques, et celui de s'abriter n'assure pas à chacun un palais..... Le libre exercice des sens appelle bien tout homme à la perception des sensations et des phénomènes de la nature, mais non à la contemplation des décorations d'un théâtre, et à l'audition des symphonies... Pour nous résumer, tout mortel, sans exception, a droit au nécessaire; quant au superflu, ceux qui ont su l'acquérir et le comprendre, peuvent en revendiquer la jouissance exclusive. S'ils étendent et propagent cette jouissance, c'est par pure générosité humanitaire et non par devoir d'obligation.

D'ailleurs, que doit chercher l'économie politique? Le bonheur de tous! Eh bien, le bonheur fondamental est attaché à la satisfaction des premiers besoins, mais nullement au contentement des fantaisies. La félicité ne se plaît guère dans les extrémités sociales; elle n'est pas plus réfugiée dans une loge de l'opéra, que dans l'échope du mendiant; elle règne seulement là où habite l'équilibre des désirs et des satisfactions; cet équilibre n'est-il pas plus facile à atteindre dans la chaumière aisée, que dans le palais, toujours moins satisfait qu'avide.

Voilà le peuple! Comme corps social, il est, et sera toujours, à la base de la nation; mais comme individus, loin de nous la pensée de condamner ses membres à l'immobilité des bornes; le talent, la supériorité saisissent toujours dans les conditions les plus humbles quelques hommes privilégiés; ils les élèvent au niveau des plus hautes têtes; alors, quittant l'échelon où ils étaient nés, ils vont grossir les rangs de la classe supérieure, et le peuple, fondement laborieux de la société, reste toujours dans son infériorité relative..... Suivons cet enfant du peuple, qui grandit, et étudions son premier degré de transformation.

LA BOURGEOISIE.

On aura été surpris peut-être, qu'en indiquant les trois éléments fondamentaux de toute nation, nous soyons passés du peuple aux classes d'élite, sans parler de la bourgeoisie? Si nous n'avons pas constaté l'existence de la grande puissance moderne, c'est qu'elle ne forme pas un organe indispensable à la vie nationale; elle n'est qu'un rouage important, mais tout-à-fait moderne; la vieille Asie, avec ses despotes, et ses esclaves, la Grèce, Rome, avec leurs praticiens et leurs prolétaires, le moyen-âge, avec sa féodalité et ses serfs, ne connaissaient pas cette classe transitoire. L'Europe moderne, renferme encore une nation où elle est inconnue; chacun a nommé la Russie; là, cependant, doivent s'arrêter nos exceptions, car les états du nord, et du sud-est, bien que purement monarchiques, n'en voient pas moins s'élever et grandir cet élément; s'il n'a pas encore de droit politique, il exerce néanmoins son influence par son intelligence, sa fortune, et ses institutions municipales..... Avant d'aller plus loin, qu'est-ce que la bourgeoisie ?

Une distance considérable sépare le peuple artisan de cette classe supérieure, autrefois nommée aristocratie. Les travailleurs, subdivisés en une foule de métiers divers, sentent le besoin, pour rendre leur travail plus utile, de suivre des chefs modestes, issus de leur sein, parlant leur langue naïve, et mettant parfois la main à l'œuvre; le peuple n'est pas jaloux de sa nature, il aime, au contraire, à élever tout ce qui se recommande par la capacité, l'ordre, et l'économie. Qu'un ouvrier distingué qui a fait des épargnes, s'établisse chef d'atelier, directeur de travaux, entreposeur de produits, qu'il se livre enfin à une entreprise quelconque; s'il est dans un état libre, dégagé des entraves du despotisme, il prospèrera, et sa réussite se traduira aux regards par la propreté des vêtements, de l'habitation, l'aisance de sa famille, l'éducation plus soignée de ses enfants; ses compatriotes, loin de le jalouser, l'admireront, célébreront sa fête et planteront un mai devant sa maison..... Par ces ovations, c'est un but d'émulation qu'ils se donnent, c'est presque leur ouvrage qu'ils saluent..... Cet ancien ouvrier, maintenant exempté des grandes sueurs, mais occupé d'intérêts d'ateliers et de boutiques, c'est le bourgeois.

La bourgeoisie est donc le premier progrès du travailleur, s'élevant à petit bruit par l'ardeur et la sagesse; origine générale et respectable, à laquelle l'élévation frauduleuse par le vice et le vol, ne forme heureusement que de rares exceptions; la mission de la loi n'est pas seulement de les punir, mais de les rendre impossible.

Tel est le premier échelon de la bourgeoisie; supposez le fils marchant sur les traces du père, augmentant son aisance, atteignant à la prospérité; vous aurez les degrés divers de la classe, depuis l'épicier jusqu'au banquier.... Mais ne montons pas si haut, nous rencontrerions l'aristocratie.

L'origine et la nature de la bourgeoisie sont esquissées, examinons ses devoirs et ses droits ? Sa position dans l'état social, nous les a bientôt fait connaître; espèce de trait-d'union, entre le peuple et les grands, elle fait, pour ainsi dire, l'office de muscle, transmettant l'impulsion, de la tête aux bras. Ses relations avec les hautes intelligences, par l'éducation, et les rapports d'intérêts, lui font connaître les lois, les affaires publiques, et le mouvement de la civilisation ; son devoir est de les traduire au peuple, avec lequel elle est restée en contact. A elle le soin de fournir des moniteurs aux masses pour les instruire et les diriger ; instruction publique, administration, travaux publics, finances, cultes, agriculture, commerce, dans leurs degrés inférieurs, tout cela lui est dévolu ; officiers subalternes dans la grande armée laborieuse, ces moniteurs reçoivent l'ordre des généraux, et les communiquent aux soldats. Ainsi, le devoir de la bourgeoisie est d'écouter les chefs, et de rendre aux subalternes leurs ordres aisés à comprendre, doux à exécuter ; en retour, quels sont ses droits ?.....

Conserver le bien-être légitimement acquis, et le transmettre dans la voie descendante par les liens du sang ou par la volonté. Si nous avons si hautement proclamé la propriété inaliénable des biens élémentaires de l'homme, la santé du corps, la liberté de l'âme, donations du créateur, la conséquence du même principe assure la jouissance des bienfaits de la civilisation à ceux qui ont su les conquérir par le travail et savent les conserver par l'économie..... Le besoin de vivre peut porter l'homme à exécuter un travail élémentaire ; mais qui lui donnerait l'émulation nécessaire à ces vastes entreprises, dont le fondateur a si rarement le bonheur de jouir ? qui lui inspirerait ce désir de perfectionnement de progrès, si ce n'était l'amour des descendants, l'amour des races futures ? Ce sentiment ineffaçable nous domine, même dans les étreintes apparentes de l'égoïsme ; il est si universel, si puissant, qu'on s'étonne qu'il se soit trouvé des esprits assez oblitérés pour contester le droit de famille comme celui de propriété.....

Toutefois, en assurant au bourgeois la libre jouissance et la transmissibilité de ses biens, la loi ne le met pas à l'abri de la malversation. Malheur au fils qui ne sait pas hériter des vertus de ses pères ; il retournera par la paresse à l'échelon inférieur d'où ses ancêtres s'étaient élevés par l'activité..... Si le peuple a droit au bien-être par le travail manuel, la bourgeoisie a droit aux jouissances de la fortune par l'ordre, l'intelligence et la bonne direction qu'elle donne aux travaux des masses. Mais la paresse et le désordre l'en déshéritent, et les exactions doivent les lui faire ravir par la sévérité de la loi.....

L'ARISTOCRATIE.

On a cru détruire les classes d'élite en démolissant l'ancienne aristocratie ; mais les sommités directrices sont aussi indestructibles que les masses dirigées, et la véritable supériorité surnage à toutes les tempêtes. La sévère raison ne confond pas l'autorité suprême avec certaines mesures de privilége ; elle attribue cette autorité aux personnifications de la vertu, du talent et de l'influence ; à ces hommes dans lesquels le

génie d'une nation semble se résumer et se condenser..... On se tromperait grandement, en effet, si l'on ne donnait au principe aristocratique
d'autre origine que la violence et la fraude ; prenez un peuple à son
berceau, quelle que soit sa nature pastorale, guerrière ou commerçante,
une aristocratie s'y forme spontanément à l'aide de tous les esprits supérieurs qui s'élèvent de la sphère commune. L'influence et le pouvoir
des grands *aristos cratès* est un produit, une conséquence de la nature
sociale. Ce n'est que plus tard, que la naissance et le privilège cherchent
à concentrer dans une caste, le prestige et le pouvoir ; mais prise dans
l'acceptation première, celui des supériorités, l'aristocratie est tout aussi
indélébile que le peuple même ; car il n'est pas moins impossible de concevoir une société sans chefs qu'une race d'hommes sans cerveau. Les
événements historiques, superficiellement étudiés, conduisent à de graves
erreurs. Quand nous voyons, à Rome, les Gracques et Marius ; quand
nous voyons, en France, la Convention s'insurger au nom du peuple,
ce n'est pas à proprement parler contre l'aristocratie en principe qu'éclate
la révolte, c'est contre un mode suranné d'aristocratie, et le résultat
du bouleversement est une rénovation plutôt qu'une destruction. Aussi
chez nous, quand les anciennes familles disparaissent par l'exil ou l'é-
chafaud, vous voyez les supériorités de talent, de fortune, d'industrie,
s'établir à la place, et constituer un nouveau pouvoir ; cela nous conduit
à distinguer des aristocraties de plusieurs natures, non-seulement en
suivant les faits, mais en étudiant les principes.

L'aristocratie étant la perfectibilité sociale, élevée à sa plus haute
puissance, il est inévitable que chaque époque voit s'élever une classe,
conforme par sa nature et ses tendances à la nature et à la tendance
de la nation. Chez les peuples pasteurs et religieux, les pères de famille,
chefs de tribu et prêtres, constituent l'aristocratie... Quand la nation perd
son caractère nomade, le chef conserve toujours la puissance religieuse,
et forme la caste théocratique ; le prêtre seul, alors, possède la science,
les traditions, le pouvoir politique ; c'est l'histoire de l'Asie, de l'Étrurie,
de l'Égypte..... Les peuples deviennent-ils conquérants par excès de
population ou jalousie de tribu ? L'aristocratie se fait guerrière, le prêtre
se transforme en gentilhomme chevalier.... C'est la seconde phase his-
torique de la Perse, sous les Cyrus et les Darius ; de l'Égypte, sous les
Sésostris ; de la Grèce, de Rome, sous leurs conquérants ; enfin, des tribus
Germaines dont nous sommes issus.

Après maintes invasions et d'innombrables vicissitudes, ces peuples
mettent-ils un terme à leurs conquêtes ; ils se fortifient, s'organisent,
prennent leurs aises, se civilisent. Alors l'aristocratie féodale, fille des
bouleversements et des mœurs violentes, se fait industrielle, commerçante, savante, législatrice ; mais quelles que soient ses modifications,
la haute direction politique lui reste toujours.

Considérons à la fin du moyen-âge les peuples avancés dans la civilisation ! Leur noblesse n'est plus exclusivement guerrière, elle envahit le commerce pour couvrir le monde de ses vaisseaux. Demandez aux nobles Hollandais, Vénitiens et Génois, demandez aux Médicis, aux lords d'Angleterre. Ces transitions d'un état à un autre ne sont pas toujours adoptées d'enthousiasme ; les vieilles idées prennent racine dans les esprits ; bien peu d'aristocraties guerrières savent comprendre, qu'il arrive une époque, où l'épée, arme exceptionnelle, doit rester en repos, et céder le pas à un état plus calme et plus normal ; quand elles s'obstinent et se parquent dans les traditions surannées, la force des choses leur donne des leçons sévères ; car ce choc des idées amène presque toujours quelque révolution politique....

Ainsi, avec la régularisation du travail et des bénéfices, l'homme du peuple peut devenir bourgeois par l'économie, le bourgeois peut devenir puissant par le talent ou la fortune. Dès que le levier social n'est plus invariablement appuyé sur la possession du territoire, l'aristocratie devrait comprendre que, pour rester à la tête des nations, il faut saisir résolument les rênes de l'industrie, des sciences, de la littérature, du mouvement social enfin. S'y refuse-t-elle ? les grands hommes nouveaux la dépassent, grandissent sur sa tête, et se substituent au pouvoir que les anciens ont abandonné.... Disposition de la providence, qui ne veut pas que le peuple reste sans chefs ! garantie de perpétuité que deux contemporains ont traduit par ces paroles remarquables, l'un en disant :

> J'aime mieux pour orner le bandeau qui me ceint
> Un grand nom qui surgit, qu'un vieux nom qui s'éteint (1).

Et l'autre. — Votre légitimité finit, la nôtre commence (2). En ces matières fondamentales, l'histoire du monde ne serait pas superflue, et toutes les pages confirmeraient notre opinion ; mais les bornes que nous nous sommes imposées nous arrêtent ; retranchons-nous dans l'étude qui nous intéresse le plus, celle de notre époque.

Sous Louis XV, l'épée des descendants oisifs de l'aristocratie féodale n'était plus qu'un vain ornement de souvenir. La noblesse vivait sur son fonds de puissance et de gloire passée ; à l'exception de quelques hommes de cœur et de génie qui la relevaient, en se maintenant à la tête du mouvement social, tout le reste tombait dans le ridicule des marquis de Molière. La noblesse, réduite aux succès des belles manières et des inutilités, se voyait dépassée par des progrès plus sérieux ; elle avait été méprisée, depuis Molière jusqu'à Beaumarchais, quand elle refusa de renoncer à des idées décrépites, le peuple la renversa avec une atroce barbarie.

Si la noblesse avait su accepter et voulu diriger l'élan politique du dix-

______

(1) Lamartine, chant du sacre. (2) Guizot.

huitième siècle, comme elle avait conduit la conquête des Gaules, et organisé l'établissement stable de la nation, le peuple n'aurait pas mieux demandé que de la laisser à sa tête. Il suffit de voir avec quel enthousiasme il saluait les gentilshommes, qui s'avançaient bravement dans la mêlée du passé et de l'avenir.

Le mouvement de 89 ne se dressa contre le principe de l'aristocratie qu'en apparence; dans la réalité, ce ne fut que la forme du privilège héréditaire, territorial, stationnaire, que la civilisation et le peuple battirent en brèche. La noblesse voulut le défendre, on s'irrita dans la lutte, et la colère n'eut plus de terme..... Mais le besoin des classes d'élite se fit si impérieusement sentir dès l'extinction des anciennes, que la nation s'empressa d'en improviser de nouvelles, et la France s'attacha à tout ce qui brillait, même d'un faux éclat, et sur de sanglants tréteaux. Après de tristes tâtonnements, de douloureux essais, le bon sens triompha des erreurs destructrices, et l'on proclama en principe que l'aristocratie territoriale et héréditaire devait céder la place aux supériorités qui avaient fait leurs preuves dans le talent, le commerce, les sciences, l'industrie...... La substitution était conséquente! Si l'épée et la fortune immobilière dominèrent dans les siècles de guerre et d'invasion, l'amour du bien général, de la prospérité et de la civilisation devait prendre blason dans une époque plus rationnelle et plus calme.

Aujourd'hui, les deux aristocraties sont encore en présence. Celle de souvenir boude dans la solitude; l'autre se forme et envahit les hautes positions.... Nous ne parlons pas seulement des positions politiques et officielles, mais de toutes celles qui conduisent la civilisation.

Ceci n'est pas de l'aristocratie, va-t-on dire, c'est de la bourgeoisie, élevée par une révolution! Pas de modestie déplacée, ne nous payons pas de mots, comptons les choses. L'aristocratie est le pouvoir des grands; eh bien! nous affirmons que les grands ne se nomment plus, seulement Montmorency, Montluc ou Polignac; mais Royer-Collard, Cuvier, Guizot, Thiers, Arago, Châteaubriand, Lamartine. On voit que nous faisons marcher de front ceux qui ont maintenu leur noblesse, et ceux qui l'ont conquise. Pour les grands noms qui s'éteignent, nous les enchassons dans des niches d'or, au panthéon de nos gloires. Nul plus que nous ne sait les honorer; et c'est leurs grandes âmes que nous saluons encore dans nos grands hommes nouveaux; ils ont hérité du feu sacré des nobles aïeux, plus que leurs descendants propres; car ce n'est pas par la naissance, c'est par les sentiments et le mérite que s'établit la succession du génie.

Voilà l'aristocratie nouvelle élevée sur le pavois. De quel front osera-t-elle soutenir les regards purs et fiers de celle qui l'a précédée? La noblesse de François I et de Louis XIV avait écrit sur son blason de sublimes devises de dévouement et d'honneur. Sur quelle bannière la légion des parvenus a-t-elle gravé les siennes? L'intrigue et la fraude ne sont-elles pas ses moyens ordinaires de s'élever? Tel est le texte assez grave de tous les reproches; avant d'aller plus en avant, posons bien la question.

Oui, valeur et générosité étaient les lois de cette ancienne noblesse, dont les descendants directs se laissent rayer de la vie politique; oui ceux qui les supplantent affichent souvent, égoïsme et ambition; mais nos classes d'élite sont encore à leur berceau; remontons à l'origine des précédentes.

Qu'étaient les compagnons de Clovis, les pairs de Charlemagne, les grands vassaux du douzième et treizième siècle? Une belle race de fier-à-bras! Ils cherchaient des dépouilles opimes dans le massacre des vaincus, le pillage des marchands, et souvent dans l'assassinat de leurs adversaires. On en voyait même faire la guerre aux rois et se liguer avec les Anglais pour se partager le royaume.... A Dieu ne plaise que nous ne voulions pas admettre d'exceptions; nous en reconnaissons de très-honorables; on nous accordera toutefois que la violence, la rébellion, l'ambition et l'égoïsme, furent les vices fondamentaux de la féodalité européenne, jusqu'à l'établissement stable de la royauté.

Quand les dynasties eurent pris racine, que les grands seigneurs ambitieux ne virent plus la possibilité de mordre par la guerre au sol national, leur caractère éprouva un changement considérable. Ne pouvant enlever les provinces par la force, ils se réunirent autour du roi, et demandèrent à la faveur, des administrations, des charges et des titres. Aux vieilles devises hautaines, comme celles de Rohan : *Duc je ne daigne, roi je ne puis, Rohan je suis,* succédèrent ces humbles programmes de courtoisie : *Mon Dieu, mon roi, ma dame;* alors, il faut le reconnaître avec respect, on vit la noblesse entourer le trône, et la patrie, choses identiques à cette époque, d'un dévouement généreux, souvent héroïque; mais quelques belles pages que nous offre l'histoire de l'aristocratie, depuis le roi Jean jusqu'à Louis XIV, un regard rétrospectif sur les siècles précédents, nous rendra plus tolérants à l'endroit des vices de notre siècle. Nos nouveaux grands, par le talent et le travail, en sont à leur moyen-âge; on en voit qui bravent la royauté, d'autres le peuple, un grand nombre qui encensent l'égoïsme et l'argent; dans l'emploi de ces moyens, ils n'auront jamais notre approbation, tout au plus notre pitié; car l'homme supérieur n'a besoin que de courage et de persévérance pour s'élever; et ceux qui joignent la fraude au talent gâtent leur cause, et finiront par la perdre; mais arrêtons nos regards sur de nobles exceptions. Notre époque n'a-t-elle pas des noms propres sans particule, qui suivent tout aussi dignement, que les plus illustres du passé, les règles de conduite les plus honorables?....

A quelle conclusion nous conduisent ces preuves? Le peuple n'aurait-il détruit une aristocratie que pour en fonder une nouvelle? Oui, sans doute; car si les nations redoutent avec raison les castes privilégiées, omnipotentes et immobiles, une classe d'élite, au contraire, façonnée par l'étude et l'expérience au maniement de la politique et à la direction des faibles, consacrant ses loisirs à l'expérimentation des grands problèmes sociaux, est non-seulement avantageuse à la prospérité d'une nation, mais tellement indispensable à son existence, que les plus démagogiques révolutions ne sauraient la détruire; si elles font périr quelques individus, elles ne tardent pas à les remplacer par d'autres.

Les différentes aristocraties anciennes, dont nous avons déjà parlé, paternelle, théocratique, féodale, se ressemblaient toutes par un caractère fondamental d'hérédité et de transmission intacte des privilèges; celle dont le souvenir nous harcelle encore, et fut justement redoutée, s'appuya long-temps sur l'immobilité de la propriété, fruit de la conquête, et sur l'exercice à peu près exclusif des emplois. Détruite chez nous, elle existe encore en Angleterre, en Allemagne, en Italie; elle régnerait souveraine en Russie et en Pologne, si le despotisme n'était là pour la museler. On comprend les éléments de force d'une institution dans laquelle le fils n'a *qu'à se donner la peine de naître*, pour conserver intactes sa fortune et ses dignités. Il n'y aurait pas de raison pour que cela eût terme ou changement, si les besoins des nations, se modifiant avec la civilisation, ne réclamaient une autorité d'une autre nature; le commerce et l'industrie augmentant l'importance des objets mobiliers, le sol perd peu à peu sa valeur première, et le propriétaire son pouvoir. La fortune mobilière et commerciale s'acquérant et se conservant par la capacité, l'activité et la science, l'autorité ne reste plus attachée à la naissance seule; elle passe au talent et à l'influence, éléments que l'hérédité ne transmet pas... Pour remplacer son père dans le monde, il faut donc que le fils l'égale en valeur personnelle; ainsi l'autorité n'a plus les mêmes bases; l'hérédité, sapée par les faits, est bientôt renversée par la législation, et un autre principe légal est mis à sa place.

La classe d'élite alors prend trois moyens principaux de recrutement: l'enrichissement, le talent, la confiance publique. Ces moyens offrent une appréciation moins simple sans doute que le droit de naissance, mais ils rachètent cette imperfection par leur justesse et leur rationalisme......

L'enrichissement, conséquence directe de la capacité, lorsqu'il est légitime (et c'est à la loi qu'il appartient de rendre la fraude impossible), établit son influence spontanément, indépendamment des hommes et des lois. Il donne rang dans la haute sphère, par cette autorité inhérente à la fortune, qui met à ses ordres, ouvriers, fermiers, débiteurs; tant que la propriété existera, et nous défions toute nation de se maintenir sans elle, la fortune agira sur les hommes et conséquemment sur le mouvement politique.

L'action du talent n'est pas moins spontanée; portez la main au levier du progrès par la presse, la parole, la science, la philosophie, vous prenez place, en dépit des lois et de la jalousie, parmi les hommes influens. Ceci est d'une évidence à ne pas admettre de contradiction.... Enfin, à une époque d'égalité devant la loi comme la nôtre, il s'est formé un nouvel élément de force politique, celle du mandat : supposez un homme, sans fortune considérable, sans talent trascendant ; dotez-le seulement de ce contingent de probité, de bon sens, de savoir-faire qui attire l'attention, dans un cercle de citoyens ; que ces citoyens le chargent de soutenirs leurs intérêts auprès d'une autorité quelconque, il deviendra homme d'élite d'une nature toute spéciale, et ira s'asseoir sur les bancs de la moderne aristocratie ; dans les deux premières hypothèses, l'homme s'ennoblit lui-même, il impose son influence aux autres ; ici, il la reçoit et ne fait que l'exercer par délégation.

Jusqu'ici, nous n'avons considéré que cette aristocratie réelle, que rien ne saurait empêcher d'agir sur la marche d'une nation ; mais nous ne lui avons donné aucun pouvoir officiel, législatif, politique ; maintenant que nous avons esquissé son histoire, caractérisé sa nature, suivi ses modifications, nous allons examiner comment l'État viendra choisir ses administrateurs et ses interprètes dans ces viscères vivifiantes du corps social : nous disons choisir, car tout homme éminent ne peut prendre place spontanément dans les rouages légaux ; une foule trop encombrante les paralyserait en les engorgeant ; c'est d'ailleurs une chose souvent controversée dans l'application que la valeur d'un individu : l'opinion publique, le gouvernement, veulent chacun prendre leurs garanties ; un choix devient donc indispensable, et nous nous en occuperons bientôt ; cependant, avant toute chose, étudions la nature du quatrième élément national, la personnification de l'unité et de la permanence.

LA ROYAUTÉ.

Supposons que les hommes d'élite, élevés par la violence féodale ou le mérite, par la naissance ou par l'intrigue, soient réunis et s'occupent des intérêts nationaux ; quel que fût leur patriotisme, ils ne pourraient avoir toujours cette identité de pensées qui rend les résolutions unanimes ; peut-être même trop d'uniformité dans les opinions aurait-elle ses défauts ; la lumière, la prudence et la force, jaillissent d'une certaine proportion de dissidence. Dans cette diversité d'idées, inséparable de tout frottement d'hommes, si chaque individu conservait une égalité sans exception, comment l'unité surnagerait-elle ? L'anarchie de Pologne est là pour nous servir d'exemple. Les hommes de discorde et d'entêtement peuvent tenir à une indépendance sauvage ; mais tout citoyen généreux et sensé, éprouve le besoin de reconnaître un modérateur, pour faire prévaloir l'homogénéité sur la discorde ; il sait sacrifier une partie de sa liberté à l'avantage commun ; de là, vient l'idée toute spontanée d'un chef suprême, président, doge, dictateur ou roi.

Remarquons aussi que toute assemblée ne peut se tenir réunie d'une manière assez permanente pour être toujours en mesure de débattre toutes les questions urgentes, de répondre à toutes les éventualités.

On est obligé de se séparer, de vaquer à ses propres intérêts. Avant de se dissoudre, l'assemblée (champ-de-mai, états-généraux, diette, cortès) se demande qui traitera les affaires nationales dans l'intervalle?.. Second motif impérieux qui la conduit à remettre à un seul le droit de gouverner au nom de tous.

Jusqu'ici, nous ne voyons encore qu'un chargé d'affaires temporaire et électif; ce caractère se conservera tant que les rênes du pouvoir rencontreront un homme de capacité ordinaire, digne d'estime, mais non d'admiration, et assez modeste pour ne pas songer à prendre plus qu'on ne lui donne; mais tôt ou tard une capacité exceptionnelle prend les rênes du pouvoir; alors deux éventualités se présentent : si le favori de la fortune aime à marcher vite, il se fatigue des lenteurs et des contradictions, il prend son épée et demande à la force la puissance du despote; n'aspire-t-il, avec son génie, qu'au bien et à la vertu? ses concitoyens, éblouis de tant de supériorité, le supplient de conserver le pouvoir toute sa vie, et par une conséquence de leur vénération, ils lèguent le pouvoir à sa race. Dans les deux cas, même conséquence; contre la volonté, ou par la volonté générale, l'autorité modératrice devient héréditaire. Telle est chez tous les peuples l'origine de la royauté. Cependant, tout ici-bas est plein de vicissitudes. Si la royauté a été volontairement fondée par d'unanimes acclamations, elle finira par se corrompre comme toutes les choses humaines, et un fils incapable, despote ou dissolu, la laissera tomber; si elle s'est élevée par la violence, elle ne se maintiendra qu'en comprimant; et un jour, la réaction de cette même force brutale qui lui avait servi à escalader le trône, l'en précipitera par la révolte. L'histoire de tous les peuples n'est qu'une succession alternative de semblables exemples; mais l'élément d'unité est si indestructible, que le jour même de sa chute, les peuples, fussent-ils furieux, le relèvent sous la forme d'un dictateur, d'un protecteur, d'un lieutenant-général, et le germe d'une dynastie nouvelle surgit des cendres de la précédente, pour suivre plus ou moins vite le cercle des péripéties que nous venons de tracer. Consultez les témoignages historiques, ils établissent tous les vicissitudes et en même temps l'impérissabilité du pouvoir royal.

LIVRE SECOND.

Équilibre des éléments sociaux.

En étudiant la marche de l'univers dans le système planétaire, et celui de la nature dans les lois physiques, nous avons trouvé la cause de leur perpétuité dans une succession d'actions et de réactions qui fait parcourir aux agents terrestres, comme aux corps célestes, une circonférence sans extrémité, véritable phénomène de mouvement perpétuel. Nous avons constaté de puissants rapports de ressemblance entre le mécanisme social et le mécanisme physique, considérés dans leur ensemble ; aussi prendrons-nous en quelque sorte des leçons de politique dans des études qui lui paraissent d'abord entièrement étrangères.

La terre tourne, les saisons se succèdent, les plantes, comme les populations, se renouvellent, en se maintenant dans un état d'équilibre ; si nous voulons rapprocher la durée du monde social de celle du monde physique, cherchons à mettre aussi ses agents en harmonie ; à chaque action, opposons une réaction, faisons contrebalancer toutes les forces ; et quand l'exagération d'un principe préparera des orages, opposons-lui des paratonnerres pour les dévier.

Il ne faut pas se dissimuler la difficulté de résoudre un tel problème ; si les constitutions modernes s'en sont rapprochées en principe, nous croyons qu'il est des points sur lesquels les obstacles ne sont pas levés, obstacles qui ne trouveront de long-temps encore que le remède fatal des révolutions ; comme les pentes terrestres n'ont reçu de Dieu d'autre moyen de rétablissement que les cataclysmes ; mais ne nous décourageons pas, et, dans un sujet abandonné tout entier à la direction humaine, si nous ne pouvons atteindre à un ordre infini, tâchons du moins d'éloigner et d'amoindrir les dissolutions.

Nous venons de caractériser quatre éléments politiques : le peuple, base fondamentale active et nourricière ; l'aristocratie, sommité intelligente ; la bourgeoisie, intermédiaire entre la pensée et l'exécution ; la royauté enfin, régulateur du mécanisme.... Pour maintenir ces leviers dans une régularité normale, ils doivent remplir trois conditions principales.... Il faut : 1° que chacun ait en lui-même un principe vital de continuité qui le rende impérissable ; 2° qu'il opère son mouvement dans sa sphère propre, sans envahir et gêner celle des autres ; 3° qu'il agisse toutefois sur l'élément latéral, de manière à lui communiquer l'impulsion. Le jeu continu de roues à engrenages, qui appuient l'une sur l'autre sans s'envahir, peut servir de terme de comparaison. Commençons par examiner la mission de la royauté.

ACTION NORMALE DE LA ROYAUTÉ

Nous avons établi son indispensabilité, son retour constant à la direction des peuples qui ont tenté de la détruire. Mais quelle est sa nature normale, où doivent s'arrêter les tâtonnements humains dans la recherche du mode le plus avantageux, est-ce à l'élection ou à l'hérédité ?

Au commencement des sociétés patriarcales ou héroïques, le père, personnification du pouvoir, transmet une autorité absolue en ligne directe ;

mais cette concentration de volonté, suffisante pour les affaires de famille et de clientelle, ne peut répondre aux nécessités des grandes entreprises des nations. Quand ces divers pères, ou seigneurs, doivent agir ensemble dans un but commun, ils se donnent un chef; les héros assemblés de la Grèce, mettaient Agamemnon à leur tête; nos premiers rois étaient élevés sur le pavoi par les chefs francs; Tacite donne le même caractère aux princes germains; l'élection est donc l'origine de tout commandement national..... Plus tard, les complications sociales, guerres, troubles, expéditions, progrès, rendent la stabilité des chefs plus nécessaire; l'influence grandissante de la bourgeoisie et du peuple nécessite leur modération à l'égard de l'aristocratie féodale. Remarquons aussi que, par le développement de ces éléments divers, le despotisme est moins à craindre, pour ne pas dire impossible. Considérez les rois de l'Europe moderne; placés entre les assemblées délibérantes et la vigilance de l'opinion publique, les actes arbitraires leur deviennent bien difficiles, et à considérer les choses sans engouement et sans antipathie, ce n'est pas de leur côté qu'on doit redouter la tyrannie; elle se développerait plutôt dans certains pouvoirs électifs.... Par conséquent, rassurés sur les anciennes terreurs, on peut s'abandonner à la froide logique et se dire:

Quelle est la mission du chef d'un grand peuple? Celle de représenter, par une personnification officielle et saisissable, le génie, les besoins, les tendances de ce peuple; mais quelle est l'essence d'un peuple? C'est l'unité et la durée; quelle est la plus haute personnification d'unité et de durée à laquelle se soit élevée la raison humaine? N'est-ce pas l'hérédité. Si l'individu se perpétue par delà le tombeau, n'est-ce pas en son fils? Pour un peuple fort, qui prétend durer et ne pas laisser compromettre son existence par les moindres agitations, la royauté ne peut donc être raisonnablement qu'héréditaire.

On va nous accuser de contradiction; cette hérédité, dont nous avons montré les dangers et les inconséquences dans l'aristocratie moderne, pourquoi la regarder comme inhérente à la royauté? Parce que les deux puissances n'ont ni la même mission, ni la même nature....

Dans la vieille aristocratie, qui tenait sa force de la possession inaliénable du territoire et de l'obéissance des clients, rien de plus rationnel que la succession filiale; tout homme, à moins de dégénérescence extrême, était capable de recevoir les revenus et les hommages qui lui étaient assurés et garantis par la loi. Dans une aristocratie de valeur personnelle, comme la nôtre, au contraire, tout est attaché à la capacité; or, la nature n'assure pas aux descendants le contingent de raison qu'elle avait dispensé aux ancêtres; l'autorité dégénère donc avec l'abaissement de l'individu; de là l'impuissance de l'hérédité à conserver intactes l'autorité et l'influence.

La royauté constitutionnelle rentre dans la catégorie de l'aristocratie ancienne. Elle n'est pas fondée sur la possession inaliénable du territoire, il est vrai, mais sur celle du pouvoir. Principe d'unité et d'ordre, plutôt qu'élément actif, un successeur peu capable peut assez bien occuper la place d'un prince ferme et habile.... Pourquoi? Parce que le sceptre moderne tient fort de l'emblème; convoquer des chambres, nommer des ministres, proposer des lois et des impôts qu'on approuve ou qu'on rejette, entamer des traités que les autres pouvoirs peuvent ratifier ou rendre inexécutables, tout cela sent la faiblesse, et c'est à cause de cette faiblesse, qu'on peut, sans danger, et qu'on doit, par prudence, y ajouter le raffermissement de l'hérédité... Nos royautés modernes sont chancelantes avec cette garantie, que serait-ce si on les livrait aux fluctuations électives? Chaque changement de cabinet donne une impulsion différente à l'État; des changements périodiques de dynastie jetteraient les nations à l'aventure, dans les directions les plus opposées. Ainsi comme le roi représente la nation et personnifie sa nature, si la nation veut être forte et stable, il est indispensable qu'elle se donne une royauté durable et ferme.

Indépendamment de l'unité et de la durée, la royauté doit encore maintenir l'harmonie et prévenir les ébranlements; balancier gouvernemental, sa mission est de reporter l'action à l'endroit où se fait sentir la faiblesse. Si elle remarque de l'infériorité dans les communes, qu'elle les appuie de son influence, si la chambre haute s'affaiblit, qu'elle lui prête son concours. Là surtout est son rôle actif, son habileté et sa prudence.

Après avoir défini son action, que dire de ses bornes? Sans budget, si les chambres le refusent, sans ministres, si la majorité n'est pas pour eux; elle rencontre la résistance légale partout, la force de briser nulle part. Aussi, est-elle contrainte de heurter l'opinion avec ménagement et de tourner plus d'obstacles qu'il ne lui est donné d'en franchir.

L'horloge constitutionnelle, montée avec tant de précaution, est-elle à l'abri de tout dérangement, et doit-elle fonctionner éternellement sans trouble.... Non, sans doute; le mécanisme n'est pas si simple, qu'un bon roi ne soit très-avantageux aux maintien de son équilibre; nous voulons dire seulement, que limitée comme elle est, la royauté est l'élément qui peut être le plus impunément mal exercé. L'impulsion véritable venant des autres corps de l'État, si leur action s'arrêtait, la machine serait en stagnation et donnerait l'image de la mort; le roi au contraire n'étant que le pendule régulateur, peut se rallentir sans que la vie s'arrête; l'aiguille marchera par saccades, il y aura irrégularité, mais enfin le mouvement continuera, et la société pourra attendre l'avènement d'une capacité plus éminente, pour reprendre la marche du progrès. Au milieu de l'anarchie d'idées qui ébranle les sociétés modernes, soutenons le seul élément de fixité qui ait survécu aux révolutions; quand tout penche vers la mobilité, plaçons nos respects à l'autre bout du levier pour faire contre-poids, et retarder les révolutions. Nous disons retarder, car, malgré la consécration du temps, tout est changeant, et Dieu laisse parfois tomber les plus nobles races dans un dépérissement qui les rend incapables de continuer leur mission; quand ces maladies léthargiques sont arrivées à leur dernière période, quand les chefs ne comprennent plus leurs missions, malgré les leçons et les avertissements, nous croirions outrager Dieu si nous octroyions à une famille le droit immuable de mal guider les peuples, en dépit de la prospérité et de la civilisation; alors c'est avec regret, sans doute, mais c'est avec résolution que nous laissons la providence des peuples la faire choir du trône.

Tout contrat politique est réciproque, et la belle garantie des états d'Aragon, *si non*, *non*, existe implicitement au bas de toute charte politique.... et qui pourrait arrêter l'orgueil des rois, si l'adversité ne venait parfois leur rappeler ce serment mutuel, et leur apprendre qu'ils sont fragiles! Respect au malheur comme aux cendres glorieuses; mais inclinons-nous devant la leçon de Dieu, qui ne veut pas permettre que l'homme base sa vanité sur rien d'éternel.

Toutefois, si les personnes et les faits périssent, les principes n'ont pas de fin. Aussi les rois tombent sans emporter la royauté avec eux, et de nouvelles dynasties se fondent sur les débris des anciennes, au milieu même de la colère de ceux qui les ont renversées. L'histoire n'est que l'enregistrement de ces vicissitudes.

En donnant aux dynasties l'hérédité, comme raffermissement et moyen de perpétuité normale, nous leur montrons l'exemple de ces chutes de trône comme les digues de leur orgueil; si la vénération des peuples est leur appui, c'est dans la prudence et le dévouement au bien public, qu'elles doivent puiser la force de se maintenir au-dessus des évènements et des tempêtes. Chercher l'éternité en politique, répondrait à la folie du physicien qui voudrait résoudre le problème du mouvement perpétuel. Dieu a conservé le secret de l'éternité; ne demandons à nos institutions que la plus longue durée possible; dans ce but, tâchons de ramener la force partout où se montre la faiblesse; opposons des bornes partout où la force s'exagère et tend à emporter le balancier.....

ACTION SOCIALE DU PEUPLE.

Nous franchissons l'aristocratie, la bourgeoisie, et du faîte nous revenons à la base, c'est-à-dire au peuple. Se préoccuper de sa perpétuité, serait superflu; principe élémentaire, il se maintient indépendamment de toute combinaison politique, par les seules fonctions vitales de l'individu; tout homme venant au monde sur le sol national, est membre de cette immense fraction, sur laquelle se fonde toute société, de quelle nature quelle soit..... Qu'importe la tyrannie! Elle peut opprimer le peuple, jamais le supprimer. Les autres éléments, au contraire, disparaissent quelquefois au souffle des révolutions, et comme la végétation, ils ont leur hiver qui fait rentrer leur sève dans la terre jusqu'au retour de jours meilleurs. Une seule condition est attachée à l'existence du peuple, c'est le travail, source unique de conservation et d'alimentation générale; en retour, il a droit au bien-être que ce travail procure; mais en dehors du travail et du bien-être, les préoccupations sociales et politiques lui sont étrangères. Aussi il nous importe peu que les prédications d'égalité constitutionnelle s'élèvent des journaux à arrière-pensées, des ambitieux versatils et insatiables, ou de poëtes rêveurs qui voudraient mettre la politique aux ordres de leur noble cœur, et qui ne font que mettre leur cœur à la remorque des idées inapplicables; jamais on ne nous verra capituler avec la raison pratique, et nous répondrons:

Connaître les chose que l'on veut manier, est la première condition pour ne pas commettre des fautes irréparables. Cependant, si l'on parcourt les communes rurales de la nation la plus avancée, oserait-on se promettre de trouver dans chacune deux laboureurs qui eussent une idée juste sur l'organisation sociale, ses besoins et ses fragilités? Et ce serait par ces hommes que l'on voudrait faire tenir des leviers délicats, dont ils ignorent complétement le jeu et la force. Mieux vaudrait confier les machines à vapeur aux bergers, et faire nommer par les enfants les professeurs de Sorbonne. Ceux-ci, après tout, ne font que raisonner, tandis que les corps de l'État confectionnent les lois, donnent l'impulsion à la prospérité ou à la chute des empires..... Soyons logiques avant d'être publicistes; le génie même ne dispense pas de bon sens... Ne proclamons l'égalité des droits politiques qu'après avoir décrété l'égalité des intelligences, et reconnu tout homme membre de l'académie et du Conseil-d'État.

Les prétentions des démocrates exagérés, ne peuvent faire que les mortels ne soient taillés à des mesures différentes; à chaque force son fardeau, à chaque capacité son œuvre; or, comme Dieu a fait un bien plus grand nombre de capacités propres à labourer et à tisser, qu'à diriger les armées et à promulguer des codes, il serait absurde que chacun voulut faire des lois en creusant des sillons et en frappant l'enclume.... D'ailleurs pourquoi surcharger le modeste travailleur d'un poids sous lequel il ployerait, et que les trois-quarts de ceux qu'on voudrait y contraindre, repousseraient comme un dérangement tyrannique. S'il y a meurtre à soumettre un malade au dur travail d'un fort de la halle, il n'y aurait pas moins de cruauté à forcer un simple laboureur à faire l'homme d'état! Chaque pièce a sa destinée dans l'échiquier social, et la partie peut être utilement conduite sans faire voler les pions comme la reine, et les chevaliers comme les fous. Devant Dieu, devant la loi, qui n'est que la constatation de la volonté divine, nous reconnaissons des droits égaux, parce que ici la morale est la balance, et l'objet pesé le cœur.... Mais l'organisation des sociétés est entièrement humaine, elle s'adresse à l'intelligence, élément essentiellement variable et inégal, et l'on ne nous fera jamais placer sur le même banc Montesquieu et un magister, Napoléon et un vaguemestre..... Tous, sans exception, nous avons droit au vivre, au couvert, à la liberté; mais quand il s'agit de diriger les peuples dans la voie de l'ordre et du progrès, ceux-là seuls y ont droit, qui savent comprendre ce que c'est que le progrès et l'ordre.

C'est en vain qu'on nous parle des conséquences de 89 et de 1830. Les conséquences ont leurs limites, elles s'arrêtent toutes devant la raison. L'herbe crie-t-elle à l'injustice parce qu'elle n'atteint pas au faîte des arbres? Notre premier principe, c'est le bon sens; son application obéit aux lois de l'utile et du possible.... Quel peut être en effet le but de tout système politique? La prospérité et le bonheur général! Comment l'atteindre? En suivant les lumières des meilleurs esprits et des meilleurs cœurs. Que doit vouloir une constitution? Empêcher l'escalade des niais et des méchants, et confier la direction aux clair-voyants et aux bons. Les bons, nous pourrions les trouver parmi le peuple, mais non les clair-voyants à coup sûr. Recherchons donc avant tout la capacité; la vertu ne lui est pas incompatible; cependant, comme elle ne lui est pas forcément inhérente, nos précautions doivent tendre aussi à écarter le vice et la fourberie.

Mais le peuple, incapable de comprendre, et conséquemment d'exercer les droits politiques, sera-t-il livré sans garantie à l'exploitation des méchants? A Dieu ne plaise! et après l'avoir garanti des ambitieux qui l'agitent pour s'élever eux-mêmes, à la pointe de ses vagues, nous constaterons ses droits à l'organisation de son bien-être.

Si les masses ignorent le mécanisme d'un gouvernement, il est un milieu qui leur est propre, et sur lequel elles ont des notions élémen-taires, exactes et journalières; c'est la commune rurale, c'est l'atelier.... Quel est le paysan de sens commun, qui ne connaît pas les intérêts de son village, les besoins de l'agriculture, l'utilité des marchés voisins et des routes, l'état du presbytère, de l'église, des ponts, des ruisseaux; tout cela est dans son rayon de capacité; il s'en préoccupe constamment, et ce degré de connaissances lui ouvre accès dans l'administration mu-nicipale; ce fut une loi infiniment rationnelle et sage en principe, quoique souvent faussée dans l'application, que celle qui appela le peuple à choisir ses administrateurs les plus immédiats, en plaçant leur direc-tion d'ensemble sous la main de l'autorité supérieure.

Mais si le laboureur est à même d'apprécier le premier degré d'asso-ciation administrative, l'ouvrier artisan n'est pas moins apte à connaître certains vices, certains besoins de l'atelier et de l'association industrielle.

L'exercice de cette aptitude peut exiger des précautions pour prévenir les inconvénients; mais le droit de l'ouvrier à s'occuper légalement de son salaire et de sa tâche, est incontestable; l'organisation du travail rentre dans ses attributions. Pour y coopérer avec une régularité efficace, il attend qu'on lui rende ses prud'hommes, ses syndics; enfin, sous quelque nom qu'on les désigne, ses représentants élus, pour discuter ses besoins auprès du gouvernement, défendre ses intérêts devant les tribunaux, constater ses garanties auprès des maîtres, organiser ses épargnes et ses lieux d'asiles.

Toutefois, borné dans l'horizon étroit de son canton, de sa ville, l'ouvrier, dominé d'ailleurs par l'égoïsme inséparable de l'homme, pourrait exiger aveuglément diminution de travail, augmentation de salaire, sans tenir compte de la somme de produits exigée par les besoins généraux, ou de la quotité de salaire correspondant à la valeur de son travail. Diminuer les tâches essentielles sur un point, c'est les rejeter sur un autre, c'est soulager un atelier pour surcharger le voisin. La fixation du salaire et du travail ne saurait donc être locale comme certaines grèves d'ouvriers l'obtiennent des entrepreneurs harcelés; elle ne peut être que générale; le gouvernement doit prendre l'initiative; lui seul peut proposer et établir des bases justes et normales pour diviser équitablement le fardeau des fatigues, en consultant les ouvriers et surtout en les éclairant.

Voilà la totalité des heures de travail journellement exigées par la production générale, dira-t-il; voici la somme de salaire disponible; les deux divisions donnent tel dividende..... Il est juste que chacun accepte sa part de sueurs, et que l'ouvrier des champs ne soit pas plus accablé que celui de l'industrie; il faut mettre des bornes à l'espèce de privilége que l'ouvrier citadin tend à établir au-dessus de l'agriculteur, il faut les traiter l'un et l'autre sur les mêmes bases.

Quand la discussion aura été régularisée dans cette matière délicate, autrement que par la voie des grèves et des coups de fusils, l'ouvrier comprendra les raisons pesées à la balance de l'impartialité, et il puisera du courage dans l'espoir d'un soulagement prochain. La révolte n'a pas tant d'attraits, pour qu'il songe encore à s'insurger contre le hasard et le caprice du maître, lorsqu'il pourra discuter avec la bonne foi et la vérité. Le champ est vaste, immense; mais n'est-il pas digne de notre siècle d'aborder un problème qui doit compléter l'équilibre social.... Nous y reviendrons en traitant de l'économie sociale.

Toutefois, en appelant le peuple à concourir à la discussion et au maintien de ses droits, nous ne voulons pas que les préoccupations politiques viennent jeter le trouble dans une population simple et crédule, qui ne pourra jamais atteindre aux questions élevées!... Jamais, s'écriera-t-on? Refusez-vous aux membres du peuple des dispositions perfectibles? Les enchaînez-vous à l'infériorité éternelle des parias? Non, sans doute; mais quand les intelligences exceptionnelles sortent de son sein et s'élèvent, nous voulons qu'elles montent dans les classes supérieures.... Nous voulons même que la masse puisse s'améliorer, développer ses connaissances et ses aptitudes; mais le progrès atteint partout à la fois, et comme l'inégalité intellectuelle forme le cachet de l'humanité, quelque amélioration que vous procuriez aux masses, quelque instruction que vous leur donniez, les autres classes suivront la même progression, et conserveront leur supériorité relative. L'aristocratie féodale ne savait guère lire, et le paysan moderne pourrait en remontrer aux grands seigneurs du dixième siècle. Cependant l'inégalité s'est maintenue, parce que les classes d'élite se sont élevées. On aura beau instruire le peuple, la même proportionnalité se maintiendra, et comme nous croyons rationnel que les hautes capacités dirigent les petites, les masses ne serons jamais capables d'imprimer le mouvement politique; elles devront se contenter de garantir, d'augmenter leur bien-être, et d'empêcher les autres classes de se développer à leurs dépens. Cette dernière influence, action délicate, espèce de force de levier, exercée sur la classe qui domine immédiatement, n'est pas l'envahissement politique prôné sous le nom de réforme, elle ne touche à notre système représentatif que très-indirectement. Nous avons déjà dit que tout élément social en tournant dans son cercle devait appuyer aussi sur la sphère contigue; de manière à lui imprimer le mouvement et à lui servir de modérateur; or, le peuple a trois moyens d'agir sur la bourgeoisie : 1° en élevant par l'estime et la confiance les hommes de travail les plus intelligents, qui passent ainsi de la masse obéissante à la classe dirigeante, 2° en nommant ses maires, syndics, prud'hommes et administrateurs. Car dans cette double opération le peuple ne fait autre chose que créer des bourgeois; 3° enfin, en faisant choisir par les conseils municipaux des communes rurales, et les syndicats des centres manufacturiers, des défenseurs chargés d'aller discuter les intérêts du travail au sein du gouvernement et des chambres. Nous ne reconnaissons pas au peuple le droit de concourir à la nomination d'hommes d'Etat qui tranchent les questions les plus élevées de la jurisprudence, des finances, de la diplomatie; mais le raisonnement le plus impartial ne peut lui refuser le droit de se choisir des mandataires pour faire soutenir ses intérêts partout où ils sont discutés. Une telle institution, impérieusement réclamée par la dignité de la classe la plus nombreuse, aurait le double avantage de laisser les masses en dehors de la politique trascendante, et de leur donner cependant une part d'action dans les questions qui les concernent d'une manière directe. Nous croyons que le dernier mot du problème est là.

Ainsi se trouveraient constituées pour le peuple, les trois conditions exigées pour les fonctions harmoniques de tout élément social. Il se perpétuerait par lui-même, il défendrait ses droits dans la sphère du bien-être et du travail; il agirait enfin sur la classe supérieure, sans l'envahir; il se constituerait légalement sans troubler l'existence des autres fractions sociales.

COMPÉTENCE DE LA BOURGEOISIE.

Chez toute nation libre, les classes sociales n'étant pas parquées par des lois de privilège et de prohibition, il est inévitable que toutes les gradations se trouvent représentées, depuis le mendiant jusqu'au roi.

Là les droits de la bourgeoisie, ou classe intermédiaire, sont, comme nous l'avons dit, la garantie de la possession, des transactions et de l'hérédité. Ses devoirs sont l'instruction et la direction immédiate des masses. C'est entre ses mains qu'est aujourd'hui l'organisation du travail, abandonnée au hasard de la concurrence; c'est ailleurs cependant qu'elle devrait être portée. Que réclamerait le peuple? Bienveillance et direction utile pour tous; au lieu de cela, il faut bien le reconnaître, il n'est guère qu'objet de négligence, de mépris et souvent d'exploitation. Généralement, et sans nous arrêter à de nobles exceptions, quand le peuple éprouve quelques bienfaits, par l'introduction des machines, le perfectionnement des voies de transport, c'est d'une manière tout-à-fait fortuite; les inventeurs et entrepreneurs ne considèrent d'abord que leur propre bénéfice; le peuple n'en profite qu'après avoir éprouvé perturbation et dommages. L'égoïsme, contre lequel s'élèvent quelques publicistes, est un mal réel, profond; après l'avoir constaté, franchissons les défauts accidentels de l'application, et établissons la théorie de la bourgeoisie dans son état normal.

La bourgeoisie, enrichie par le travail, l'économie, l'intelligence, et jouissant d'une position aisée qui la délivre des rudes travaux manuels, trouve dans ses loisirs le moyen de développer ses facultés intellectuelles, de les appliquer à des combinaisons économiques, à l'étude des sciences et des affaires. Ces préoccupations ne rendent pas la classe entière capable de manier les intérêts les plus délicats de la politique et de la législation; quelques membres seulement s'élèvent à cette hauteur, et passent ainsi dans l'aristocratie de talent, en attendant que le choix de leurs concitoyens ou du roi les place dans les rangs de l'aristocratie officielle; mais la classe générale ne dépasse pas la connaissance élémentaire du mécanisme social; parfois même la faiblesse de la raison, l'attrait des utopies fait adopter à un grand nombre des opinions singulières, c'est le malheur de notre siècle; toutefois, on ne saurait disconvenir que, moins pénétrante que l'aristocratie, la bourgeoisie est plus éclairée que le peuple; aussi est-ce à ses lumières que la nation devra recourir quand elle voudra consulter les besoins généraux, organiser l'administration et les rouages du gouvernement. La bourgeoisie, d'ailleurs, propriétaire du sol, du capital et de l'industrie, se trouve à la base de la fortune publique, comme le peuple est à la base de la force et de l'activité. Or, l'action gouvernementale agit sur les choses non moins que sur les personnes, il est donc indispensable de consulter les détenteurs de ces choses comme il est juste de consulter le peuple, élément de travail, dans la question du travail qui est sa propriété spéciale. Placée entre le peuple et les grands, la bourgeoisie sert enfin de contre-poids à l'un et à l'autre élément, et garantit ainsi l'équilibre politique. Si cette digue n'était pas établie, qui pourrait arrêter la démocratie ou l'oligarchie dans leur antagonisme et leur envahissement alternatifs. Il ne faut pas se le dissimuler, tout élément tend à envahir les autres, à régner seul, c'est une loi de tendance inhérente aux agents physiques comme aux agents moraux; chercher à la détruire serait vouloir détruire les corps eux-mêmes; travailler à combattre l'excès des uns par la réaction des autres, est la mission des constitutions et des lois. Si la terre n'était pas retenue dans sa course par la force centripède, elle s'égarerait dans les espaces, si l'on ne régularisait pas le pouvoir royal, on aurait le despotisme; l'aristocratie, abandonnée à elle seule, arriverait à l'oligarchie, le peuple déchaîné tomberait dans l'anarchie démagogique.

Pour arrêter les exagérations de la classe supérieure et organiser la sécurité et la prospérité à l'intérieur, comment agira la bourgeoisie? Nous avons vu l'aristocratie perdre l'hérédité et les majorats, fondement ancien de sa perpétuité; en retour, elle s'est ménagé trois moyens de recruter ses rangs : l'enrichissement, la célébrité du talent, l'estime publique; ces moyens sont également à la portée de la bourgeoisie, principalement l'estime publique ou l'élection. Qu'un homme se distingue par son dévouement, ses bienfaits, ses travaux utiles; il peut ne pas être capacité du premier ordre, le rayon de son influence peut être restreint; mais si la bourgeoisie locale a besoin d'envoyer un mandataire pour défendre ses intérêts auprès du gouvernement et qu'elle choisisse cet homme, il monte aussitôt dans l'aristocratie officielle; voilà comment la bourgeoisie agit sur la sommité sociale pour la renouveler, lui inoculer une partie de son sang et de son esprit.

Cependant, que cette bourgeoisie, enflée par de récents succès, n'aspire pas au droit absolu de faire et de défaire complètement l'élément aristocratique, de le supplanter dans la direction supérieure de la politique? Qu'elle ne prétende pas, en dehors des chambres, discuter dans ses clubs la paix et la guerre, la constitution et les lois; ni donner à ses représentants une omnipotence exagérée. Le gouvernement constitutionnel n'est pas plus uniquement bourgeois qu'oligarchique, il ne fait pas pencher la balance vers le roi plus que vers le peuple, il est le mélange des quatre éléments dans des proportions équitables; si la bourgeoisie avait en main la création entière de l'aristocratie officielle, comme la lui offrent ceux qui voudraient remplacer la pairie par une autre chambre élective, ou si cette chambre élective absorbait le pouvoir, comme elle y a une tendance, le balancier tomberait entièrement dans son domaine, et l'équilibre serait rompu.

Qu'on ne se le dissimule pas! D'où viennent aujourd'hui les inquiétudes politiques? Serait-ce de l'aristocratie? Non; on connaît sa faiblesse. Serait-ce du peuple? Tout aussi peu. Le peuple travaille, souffre en patience; s'il gronde parfois, ce n'est qu'à la sollicitation de quelques boute-feu de la bourgeoisie, qui, jaloux de la fraction dominante, veulent la renverser et gouverner à sa place; mais, par lui-même, le peuple ne veut, n'attend que bien-être et soulagement à ses sueurs. Il fut un temps où l'on ne savait assez accuser l'aristocratie de tous les maux qu'enduraient les masses; aujourd'hui ces accusations sont adressées à la bourgeoisie, et valent bien la peine d'être sérieusement examinées.

VICES ACTUELS DE LA BOURGEOISIE.

Nous avons dit qu'un bourgeois, dans sa définition rationnelle, était un moniteur du peuple, chargé de l'instruire, et de donner à son travail la direction la plus utile pour tous. Malheureusement, dans la pratique, cette utilité ne profite guère qu'au directeur, et ce mal au lieu de diminuer empire.

Le travail fondamental d'une nation c'est l'agriculture, et cette part d'industrie restreinte aux besoins réels; les perfectionnements du luxe et des beaux-arts ne doivent venir qu'en seconde ligne, comme encadrement et décoration, après que le nécessaire a été assuré à chacun; au lieu de cela, la civilisation actuelle nous présente une bourgeoisie volage, qui pousse au développement des futilités, des plaisirs sensuels, sans songer au bien-être des masses, et qui, se recrutant elle-même parmi les fils des travailleurs, grandit chaque jour et enlève un nombre immense de bras au travail essentiel..... Supposons une nation qui, dans nos latitudes, réclame un produit agricole représenté par vingt-cinq, et un produit industriel indispensable représenté par cinq; si ce premier produit exige le travail de vint-cinq millions d'hommes, le second celui de cinq, et que la nation ait trente-cinq millions d'habitants, il restera cinq millions d'inoccupés, qu'on pourra sans inconvénient employer à confectionner des objets de luxe, à cultiver les beaux-arts, à satisfaire les plaisirs honnêtes de la bourgeoisie, fallût-il bâtir des palais dans des déserts et des jardins sur des remparts; mais cet état normal, où tout se trouverait en équilibre, est renversé par l'imprévoyance.

Le peuple travailleur est une matière un peu inerte; il est contraint d'aller où on le pousse; la faim n'est pas une chaîne moins souveraine que l'esclavage; favorisez l'agriculture, le peuple y reste attaché; développez l'industrie, donnez lui des privilèges, il s'y précipite par l'appat du gain Que remarquons-nous aujourd'hui? La bourgeoisie, affamée de loisirs voluptueux, emploie toute son activité intellectuelle à perfectionner le clinquant et le superflu, au détriment des premiers besoins même. On dirait que l'homme a changé de nature, qu'il ne se repait que de sons et de couleurs. Les sens, le cœur surtout ont abdiqué en faveur des yeux et des oreilles. Pour satisfaire ses appétits impérieux et factices, il ne suffit pas de l'intelligence, il faut des bras ? Où va-t-on les recruter ? Dans la population attachée à l'agriculture. Le salaire est le premier allèchement qu'on lui donne. La masse laborieuse, trompée par les apparences de la prospérité, déserte les champs, ou n'y reste qu'avec dégoût; elle envahit les ateliers, où l'on regorge de bras, où la vie s'étiole, où la morale se perd.

Avertis par les dangers de cet engorgement, on devrait détourner le travailleur de cette voie funeste, et faire des efforts pour le renvoyer aux champs négligés.... Mais l'esprit de vertige s'est emparé du siècle, il s'efforce de créer à cette population transfuge de nouveaux débouchés stériles; c'est un développement de confections raffinées, une augmentation de valets, de jongleurs, qu'on favorise à gros deniers; ce sont des villes qui s'encombrent d'établissements publics, de lieux de plaisir, de monuments splendides. Il faut que tous ces entrepreneurs de raffinements vivent cependant, et vivent bien encore; car on ne se contente pas de pain noir et de châtaignes dans cette armée exigeante que le luxe entretient; après l'avoir créée, comment fera-t-on pour la satisfaire? Il n'y a qu'un remède, peser sur la classe agricole, lui demander impôt double, dût le salaire du laboureur devenir insuffisant, dût le fermier laisser les champs en friche.

Quel cercle vicieux! Dans quel gouffre descendons-nous tête baissée? Achèverons-nous d'imiter les Romains, qui avaient rendu l'Italie improductive pour se bâtir des palais et des jardins? Mettrons nous notre existence à la merci des arrivages des blés d'Odessa? Écraserons-nous l'agriculture nationale, c'est-à-dire l'élément de vie et d'indépendance, pour étendre le nombre des ouvriers, des serviteurs inutiles qui énervent les maîtres? Si le perfectionnement des machines a augmenté la somme des forces motrices, consacrées d'abord à l'industrie, qu'on emploie cette amélioration à soulager le travail forcé du laboureur, de ses enfants, des femmes surtout, au lieu de l'appliquer à des superfluités! Le peuple agriculteur travaille, suivant la saison, de quatorze à dix-huit heures par jour; l'ouvrier industriel a obtenu de ne travailler que dix ou onze; ne devrait-on pas s'étudier à redresser cette inégalité? S'il est difficile d'appliquer les machines aux travaux ruraux, ne peut-on pas du moins faire refluer sur l'agriculture les bras que les machines auront remplacés dans l'atelier, et soulager les manouvriers, en augmentant leur nombre? Au lieu de cela, les choses fondamentales sont abandonnées au hasard; les monuments, les spectacles, les vêtements recherchés, les véhicules de toutes sortes, les chevaux, les valets, sont devenus d'un besoin indispensable à la bourgeoisie, tout doit leur être sacrifié.

La vue de ces plaisirs matérialistes inspire à tous une soif ardente de se les procurer; maladie contagieuse, que l'aveuglement, la paresse et l'orgueil développent! Le bourgeois qui possède ces biens à un premier degré, veut les augmenter par un accroissement rapide de richesses; l'ouvrier y aspire, le paysan aisé lui-même se gêne, compromet sa santé, celle de sa femme et de ses filles, par un travail excessif, pour faire de son fils un de ces hommes improductifs dont on est parvenu à justifier le repos, en les plaçant derrière un bureau ou un comptoir. Vice déplorable, qui, entassant les hommes superflus dans la classe des consommateurs stériles, prépare au pauvre travailleur mille tyrans tracassiers, et aux classes élevées, des ambitieux remuants qui s'en prennent à elles de leur insatiabilité même.... Nous avons vu la bourgeoisie augmenter le nombre des ouvriers et des valets de luxe; la voici qui multiplie dans des proportions également exagérées le nombre des maîtres qui du travail passent au commandement. Au lieu d'opposer des bornes à cet abandon des tâches utiles, elle fait créer journellement une foule d'emplois administratifs, commerciaux, industriels, pour faire participer aux largesses du budget un plus grand nombre de jeunes gens aventureux.

Quelques penseurs, frappés des effets funestes de cette anomalie, proposent des remèdes dont l'étrangeté est plus excentrique que le mal même; les uns prônent le partage des terres, c'est-à-dire la destruction de la bourgeoisie et de l'aristocratie, prétendant enrichir le pauvre en généralisant la misère, et rendre l'armée plus forte en la privant de chefs... D'autres argumentent sur je ne sais quelle confusion de Babel, appelée la réforme, d'après laquelle l'ignorance et l'incapacité seraient chargées de prendre les rênes des affaires, et l'aveuglement mis en demeure de verser la lumière. Empiriques engoués des antidotes les plus extravagants, au lieu de poursuivre le mal dans sa source immédiate, ils vont l'attaquer obliquement par des moyens sinueux, dont le moindre défaut est l'inapplicabilité. La bourgeoisie fonctionne mal, disent-ils, fesons-la envahir par le peuple. Mais, imprudents! le malheur de notre époque est un engorgement d'ambitieux, et vous voulez augmenter cet engorgement même? Vous criez contre les intrigues qui corrompent le choix des représentants, et vous voulez étendre l'achat et l'intimidation à l'élection des électeurs mêmes. Pensez-vous qu'il soit plus difficile à l'intrigant de village de capter les fermiers, les manouvriers avec des promesses fallacieuses, qu'à un député de circonvenir des électeurs éloignés, et auxquels leur fortune du moins suppose quelque indépendance. Si l'on achète à dix, vous voulez, pour empêcher le trafic, baisser le taux à deux? Ce serait argumenter par l'absurde.

Pour mettre une barrière à la puissance exagérée de la bourgeoisie et à son développement excessif, au lieu de la laisser devenir un corps ambitieux et oisif, faites-en un corps utile, contenu dans ses limites, entre l'aristocratie dirigeante et le peuple dirigé. Pour l'arrêter du côté du peuple, rendez l'ouvrier plus heureux, par l'organisation de la solidarité, et du bien-être, basée sur la loi; pour lui donner des limites du côté de l'aristocratie, rendez à cette dernière son indépendance et sa liberté d'action.

Premier problème. — Supposez que cette classe agricole, qui souffre, vît augmenter son aisance et diminuer son travail; par une conséquence directe et immédiate, elle obtiendrait une nourriture, un vêtement, un logement plus convenables; et éprouverait moins par conséquent le désir de déserter les champs pour se réfugier à la ville, où l'ouvrier sait bien que la corruption, le mauvais air et l'hôpital l'attendent. La diminution de travail chez l'agriculteur, ramènerait aux champs une partie de la classe industrielle, qui viendrait suppléer par des bras plus capables, à ceux des enfants et des femmes qui se consacreraient exclusivement aux soins du ménage et des troupeaux.

Ce projet entraîne-t-il perturbation? Voulons-nous dépeupler violamment le centre industriel pour repeupler le village? Nullement. Abandonné à lui-même, l'atelier, où l'on se marie peu, où l'atmosphère viciée et les mauvaises mœurs abrègent la vie, verrait chaque jour diminuer sa population, si elle ne venait se recruter dans la jeunesse des campagnes, inoccupée ou trop mal payée. Retenez cette jeunesse autour de la charrue, en assurant son existence, et le village se peuplera et la grande ville, au lieu d'augmenter en population, reviendra à un état plus équilibré; la cité, moins encombrée, développera moins de luxe inutile, aura moins d'existences problématiques, honteuses, dangereuses; le travail véritablement nécessaire, reprendra son niveau.

Mais là ne se borneront pas les conséquences de cette amélioration des classes agricoles; le bien-être, raffermi chez elles, fermera les sources de l'enrichissement frauduleux, usure, procès, exactions de mille industries. Le petit propriétaire, lui-même, faisant moins de bénéfices sur le manouvrier, aura plus de difficulté à procurer à son fils le titre d'oisif. Ce fils sera obligé de mettre la main à la bêche avec son père; il emploiera son désir de parvenir à chercher un meilleur système d'économie agricole, capable de lui procurer un jour la fortune et le repos de la bourgeoisie; alors ce ne sera plus au détriment de l'ouvrier, ce sera à l'avantage de la consommation générale qu'il aura amélioré son sort.

Nous revenons ainsi à l'origine normale de la bourgeoisie: L'application de la capacité au perfectionnement du travail, résultat que nous ne blâmerons jamais, que nous voulons encourager, au contraire, pour ne nous opposer qu'aux élévations qui prennent leur source dans l'exaction, le travail excessif des masses, et aboutissent à l'oisiveté dorée.

Ce ne sont pas, comme on le voit, des bourgeois anciens que nous rejetons, par un ébranlement social, dans la classe ouvrière, ce sont des petits capitalistes, prêts à devenir membres inutiles en s'arrachant à toute occupation de bras et d'esprit, que nous rattachons au travail, jusqu'à ce qu'une prospérité réelle, et non factice, leur ait donné le droit de s'élever.

Mais sur quel principe s'appuiera la loi pour régler le gain de l'ouvrier, et restreindre les tentatives du maître qui veut réussir par tous les moyens? Elle en appellera au principe immuable de justice, qui prend le faible sous sa protection et le soustrait à l'omnipotence du fort; à ce principe de droit civil, qui ne peut pas forcer à être charitable et vertueux, mais qui défend d'être cruel et exacteur...... Ceci rentre dans l'économie politique; nous y reviendrons avec plus de détails en traitant des intérêts matériels.

Second Problème. — Retenue dans de justes bornes du côté du peuple, la bourgeoisie doit l'être encore, dans le sens opposé, par les classes élevées, et cette question nous conduit à examiner l'aristocratie.

ÉQUILIBRE DE L'ARISTOCRATIE.

À l'aristocratie purement héréditaire, privilégiée et maîtresse du sol, a succédé la haute classe moderne, qui a trois moyens de se maintenir et de se recruter; l'enrichissement; le talent, qui se révèle toujours, surtout à la faveur de la publicité; enfin la confiance publique. Mais ces sources ne produisent d'abord que l'aristocratie privée; les besoins du gouvernement réclament l'aristocratie officielle; comment l'organisera-t-on? Un homme participera-t-il au maniement des affaires politiques, par cela seul qu'il aura de la fortune et du talent?... Indépendamment de la difficulté de donner à la capacité sa mesure légale, l'appel en masse de tous les hommes marquants, changerait les assemblées délibérantes en cohue désordonnée; le bruit et la discorde s'y perpétueraient sans faire faire un pas aux intérêts sérieux; il est évident qu'un choix devient indispensable pour former les corps qui doivent concourir à l'impulsion du gouvernement; il ne peut être question que de faire les meilleurs choix.

Deux voies sont ouvertes par la constitution : l'élection de la bourgeoisie pour la chambre des députés, la nomination du roi pour la pairie.

Dans l'exercice de ce sacerdoce politique, l'électeur d'arrondissement devrait chercher l'homme le plus influent, le plus dévoué au bien public, le plus capable d'en résoudre les problèmes; au lieu de cela, il s'arrête bien souvent au plus habile en flatterie, au plus abondant en promesses! Cet état de choses est presque forcé; l'élection, dont on rêve encore de reculer les bornes, descend déjà assez bas pour rencontrer cette ambition personnelle qui sacrifie tout au *moi*, ou cet aveuglement qui donne tête baissée dans le piège des intrigues. D'ailleurs, quel corps électoral pourrait se détacher de l'intérêt de personne ou de localité? Tout arrondissement a son canal, son port, son chemin de fer à obtenir; trop heureux quand chaque électeur ne joint pas à cette préoccupation celle d'amis et de neveux à faire asseoir au banquet du trésor public. Gardons-nous de confondre ces deux ambitions, car la première est légitime; c'est pour représenter les besoins spéciaux des différentes parties de territoire que la chambre des députés a été établie; elle les juge en dernier ressort par le vote du budget, c'est là sa compétence directe. Elle devrait même se bien convaincre qu'elle n'intervient dans les grands débats internationaux, que par voie de consultation; c'est ailleurs qu'ils sont représentés spécialement; c'est dans les grands conseils qui entourent la couronne qu'ils sont définitivement tranchés.

Au milieu des projets mesquins d'arrondissement, projets de clocher, projets de personnes; quel collège songerait à aller choisir dans un département éloigné, un homme hors ligne, pour représenter la science, les grands travaux publics, la guerre, la diplomatie, la philosophie, l'économie politique?... Et cependant, les talents européens, les expériences demi séculaires, ne sont pas moins sacrées, pas moins utiles à la grandeur du gouvernement et à sa nationalité, que les obsessions restreintes et opiniâtres des petits intérêts? Aussi, la bourgeoisie ne se préoccupant pas suffisamment des hommes réellement illustres, le roi a été désigné pour distinguer les hautes capacités oubliées par l'élection.

C'est une grave erreur de se figurer que la constitution a voulu, par la chambre des pairs, donner seulement un appui à la royauté, mettre sous sa main des défenseurs dévoués qui lui devraient leur existence, et seraient imbus de son esprit... La chambre des pairs existe par elle-même, comme représentant l'élite des talents appuyés sur l'expérience; la royauté n'intervient dans le choix de ses membres, que comme l'œil le plus pénétrant, le plus capable de désigner les meilleurs parmi les bons. N'eût-elle pas cette valeur intrinsèque et absolue, la pairie aurait encore l'utile mission de tempérer les résolutions trop chaudement prises par l'autre chambre, et de placer un intermédiaire entre la royauté et les mandataires de la bourgeoisie, peu façonnés aux nécessités du gouvernement, deux pouvoirs qu'il est très-urgent de ne jamais laisser en contact direct.

De ces deux phases de l'aristocratie officielle, produites, l'une par l'élection d'arrondissement, l'autre par le choix du roi, quelle sera la première?... Ah! si ce n'est pas la pairie, considérons-les du moins comme égales, car la nomination à vie vaut bien, pour l'étude et l'entente des affaires, l'incertitude et l'irrésolution d'une nomination passagère... Les hautes catégories, où le roi est obligé de puiser, offrent autant de garantie, de talent et de moralité, que le caprice et l'engouement d'électeurs à 200 francs. Si toute distinction de prééminence a été détruite par la révolution de juillet, n'exagérons pas ce principe en élevant la chambre quinquinale au-dessus de la chambre à vie; respectons leur égalité, et rendons-la sérieuse et efficace.... La vigilance, sur ce point, devient nécessaire. La classe bourgeoise, non contente de bouleverser à son profit l'harmonie du travail, pèse d'un poids exhorbitant sur la machine gouvernementale; elle opprime l'aristocratie de talent, pour exagérer le pouvoir de l'aristocratie d'élection, qu'elle fait et défait tous les quatre ans, qu'elle musèle par ses mandats, qu'elle obsède par ses exigences.

Examinons la position d'un député, et par lui connaissons la nature de la chambre dont il est membre. Ses commettants le nomment, non pour qu'il fasse les affaires de la nation, mais principalement celles d'une coterie politique, d'un arrondissement, surtout celles des électeurs. Le mandataire, à qui on pose presque la condition de *sine qua non*, est obligé de se soumettre. S'il est de l'opposition, le voilà mis en demeure d'entraver, à tout propos, le jeu de la royauté, et de l'aristocratie non élective: s'il marche avec le ministère, il lui pose ce dilemme. — Donnez-moi faveurs sans nombre, pour mes électeurs, en retour vous aurez mon appui et vous me conserverez long-temps à la chambre. — Mais, lui répondra-t-on, les places sont encombrées. — Les électeurs ne se payent pas de cette raison; ils veulent des emplois, des succursales, des demi-bourses, je vais vous aider à en créer de nouvelles. Tel est le cercle vicieux contre lequel chacun crie et que l'immense majorité néanmoins favorise.

Pour arrêter ce mal, rendez le trafic des votes impossible, chez l'électeur comme chez le député, rétablissez l'équilibre entre les deux chambres. Par cet augmentation d'influence développée dans la pairie, les députés perdront leur toute-puissance, seront moins redoutés des ministres, et moins redoutés, ils oseront moins demander. Qu'ils renoncent d'abord à occuper la grande généralité des fonctions incompatibles avec leur absence des départements, qu'ils apprennent ainsi à l'électeur à respecter le désintéressement et la dignité; et si leur fortune médiocre n'est pas en rapport avec les dépenses occasionées par les charges de la députation, qu'une rétribution leur assure un juste dédommagement pour les déplacements et les intérêts négligés. Si l'électeur persistait encore dans ses obsessions, qu'une loi rigoureuse, vienne régler l'admission et l'avancement dans toutes les carrières, comme les ministres en ont fait l'essai dans celles où l'affluence les gênait le plus; que les trois pouvoirs, enfin, usant d'une action égale, veillent à la dispensation de toutes les faveurs, au lieu d'en laisser, comme aujourd'hui, les députés souverains arbitres. La royauté et la chambre des pairs n'auront jamais à plier devant les influences qui écrasent la chambre élective; n'est-il pas étrange aujourd'hui d'entendre accuser la pairie d'inféodation à la royauté, quand le député est enchaîné à l'électeur par les nécessités les plus impérieuses, et le ministre au député par des considérations tout aussi vitales.

Si le choix de la royauté semble donner d'abord un certain caractère d'obéissance à la chambre des pairs, l'indépendance se rétablit bientôt par l'inamovibilité ; indépendance bien autrement réelle que celle du représentant électif, courbé sous la perspective d'un jugement futur, comme sous l'épée de Damoclès. Que d'oppositions systématiques, faites par les uns à contre-cœur, pour répondre à un programme imposé ! que de royalisme taxé de complaisance chez d'autres, et plus désintéressé néanmoins que certain libéralisme d'apparat..... Par cela que la magistrature est nommée par le roi, dira-t-on, que la justice est soumise aux caprices d'un prince. La pairie a donné jadis d'assez nobles exemples d'indépendance, pour qu'on ne doive pas la considérer comme l'ombre de la royauté qui la nomme.

Toutefois une lacune existe sur ce point. La chambre des pairs, n'étant que la réunion des grandes lumières, le roi doit-il seul pourvoir à sa constitution ; les grands corps indépendants, cours royales, de cassation, des comptes, instituts, conseils d'état, barreaux, conseils généraux, ne pourraient-ils pas concourir à ce recrutement de la chambre haute, indépendamment de la royauté. Tout président de conseil général, maintenu pendant un certain nombre de sessions, tout président de la chambre des députés, tout député trois fois élu, les doyens de faculté de droit, de médecine, les ministres, après un certain nombre d'années de fonctions, ne pourraient-ils pas être pair de France, par la force de leur position même ? Qu'on y songe bien ! ceci ferait rentrer la chambre des pairs dans les entrailles de la nation, sans perdre les garanties désirables. On détruirait d'ailleurs le reproche de dépendance ; on tendrait à reconstituer une aristocratie de talent, forte par elle-même, et plus propre peut-être à tenir tête à la chambre des députés, de jour en jour mieux disposée à se rendre souveraine.

En attendant, et quoiqu'il advienne, la pairie n'a pas de moments à perdre pour ressaisir sa juste part d'influence. Toute nouvelle session complaisante et terne, tout vote de pur enregistrement, favorise la sappe de la bourgeoisie. Qu'elle attaque violamment par les journaux démocrates, ou qu'elle dédaigne par le silence et l'oubli, la tactique est la même, et vise au même but. Pour la combattre, il faut que la pairie rende ses discussions aussi saillantes et aussi décisives dans les finances, la politique extérieure, que celle de l'autre chambre. Nous aimons les orateurs en France ; qu'elle s'appui de tout ce que l'éloquence a de populaire et d'attractif. Les discours prononcés naguère dans une question délicate, qui touche aux droits les plus sacrés de la conscience, avaient suffi pour attirer sur elle une vive attention ; qu'elle en appelle à l'éclat, de la tribune, elle arrêtera la prépondérance grandissante de la bourgeoisie ; et la retiendra dans ses barrières naturelles.

Mais que les préoccupations d'un état de choses anormal, ne fassent pas oublier les principes. L'aristocratie doit avoir ses modérateurs comme les autres éléments ; elle les trouve dans la royauté qui renouvelle ses membres, et dans la chambre élective qui partage avec elle la discussion et les votes politiques. Si, exagérant sa puissance, elle venait à maîtriser un jour l'action légitime de la chambre basse, c'est à cette dernière que nous adresserions le conseil de maintenir ses droits et de veiller à l'intégrité de ses prérogatives.

RÉCAPITULATION.

Les nations ont conquis, après bien des siècles, la charte de l'équilibre des éléments sociaux ; mais elles n'en réaliseront l'application que par des soins constants à éviter les empiétements. La balance constitutionnelle ne doit jamais pencher au souffle de l'engouement, et du caprice, et il est du devoir de tout bon citoyen, qui voit le levier perdre son niveau, d'employer son influence à prévenir le remède violent des révolutions. Tel est le mobile de notre politique de raisonnement ; elle s'inquiète de la bourgeoisie, et dénonce ses tendances, afin qu'on la fasse rentrer dans ses bornes normales. Que de formes de gouvernement sont passées sur le globe, depuis les patriarches jusqu'à nous ; toutes ont péri, non-seulement en fait, mais en principe. Les hommes sont allés alternativement de l'oligarchie au despotisme, de la république à la royauté ; toujours mêmes désenchantements, suivis de tâtonnements nouveaux. Combien ne devons-nous pas gémir en songeant à tant de flots de sang répandus pour des exagérations également oppressives.

L'éclectisme politique a surgi enfin, et on a proclamé la pondération des pouvoirs. Quand les passions aveugles la combattent, groupons-nous autour d'elle ; c'est le critérium de la vérité absolue et de la durée en politique ; car, seule, elle respecte et conserve tous les organes sociaux. De qui redouterait-on la révolte, si tous peuvent se développer dans les limites et les besoins expansifs de leur nature : ces limites et ces besoins, ayons-les toujours présents à l'esprit pour les respecter quand ils vivent en harmonie, pour venir à leur aide quand ils s'affaiblissent..... résumons-nous.

Trois éléments concourent à la formation de toute nation. Les masses, l'aristocratie et le chef régnant ; chez les nations plus civilisées, il s'en développe quatre : le peuple, la bourgeoisie, les classes élevées, et la royauté. Pour agir dans les lois de l'harmonie, chaque pouvoir doit remplir trois conditions : 1° se perpétuer ; 2° se développer dans les bornes de sa sphère ; 3° enfin, appuyer sur celui qui l'avoisine de manière à lui communiquer le mouvement général. Chaque devoir par réciprocité constitue un droit.

Le peuple, élément de travail, a droit au bien-être ; il doit y atteindre, et s'y maintenir par l'organisation et la représentation laborieuse.

La bourgeoisie, propriétaire du sol, du capital et des connaissances industrielles, se maintient par l'organisation de la propriété et de la prospérité intérieure; elle veille par ses représentants; elle agit sur l'aristocratie, lui donne l'impulsion et la tempère par sa chambre des députés. La bourgeoisie trouve ses barrières, dans l'organisation du travail du côté du peuple, et dans la chambre des pairs du côté des hautes classes.

L'aristocratie, ou faisceau des hautes positions et des capacités d'élite, se recrute officiellement par l'élection et par le choix de la royauté, dans la pairie et les grandes magistratures. Directrice de la haute politique, à elle les secrets d'état, la formation des cabinets, les emplois diplomatiques, les traités de paix et les déclarations de guerre, sous la présidence de la royauté : l'aristocratie, surveillée par la bourgeoisie, qu'elle tient elle-même en surveillance, trouve un second modérateur dans le trône, qui la recrute et la mitige.

La royauté, enfin, balancier du mécanisme, personnification de la durée et de l'unité nationale, maintient l'harmonie en portant son influence sur les leviers qui s'affaiblissent et en modérant ceux qui exagèrent leur action.

Mais après avoir étudié la nature et la constitution des pouvoirs, ne reste-t-il rien à dire sur l'homme; les passions et les faiblesses individuelles sont-elles sans influence, sur les fractions sociales qui se meuvent en corps? A Dieu ne plaise que nous nous bercions d'abstractions aussi funestes. Nous avons développé les droits et les devoirs des classes, occupons-nous de ceux de l'individu; ils ne sont pas moins utiles à la force, à la prospérité et à la durée des empires. C'est sur eux que repose le fondement de la nationalité et de l'équilibre politique.

De l'homme et de ses devoirs.

Quand on jette sur la terre un regard désabusé, et qu'on voit cet être que se disputent les infirmités, les superstitions et les vices, cet être qui dépasse parfois la cruauté du tigre, les souillures du sanglier, la laideur du reptile, la stupidité de la brute, on est tenté de se dire : voilà la dérision du créateur, la honte de l'univers, un reproche éternellement dressé contre un Dieu juste; mais l'implacable vérité nous répond : c'est notre frère..... notre frère!..... Alors l'effroi succède à la pitié. La parenté de Néron, de Sardanapale, de Lacenaire, du fou écumant, du crétin goitreux nous fait voiler le visage. Où fuir? dans les entrailles de la terre? on y trouve ces lambeaux méconnaissables, *ce je ne sais quoi*, dévoré par les vers, *qui n'a plus de nom dans aucune langue*. Regarde-t-on dans une autre vie? L'enfer y traduit, par les hurlements et les blasphèmes, le gigantesque de la corruption dont la terre n'avait vu que le germe..... Quel refuge atteindre où la nature humaine ne soit pas un objet d'horreur et de pitié..... Lequel ? L'homme même, lorsqu'il sait élever les grandeurs inhérentes à son essence au-dessus de la dépravation.

Quel sujet d'admiration et d'orgueil en effet, quand il atteint les développements du génie. Guerrier, son regard entraîne les peuples, sa main change la surface du monde ; fondateur pacifique, il crée des montagnes de granit, des cités de marbre, et on est tenté de lui pardonner de se faire adorer par les masses. Philosophe, il découvre dans son intelligence l'émanation d'une étincelle divine ; géomètre, il reconstitue les rouages secrets de l'univers ; physicien, il pénètre si avant dans les mystères de la nature, qu'il lui dérobe ses agents, et créateur à son tour, il donne une vie active à la matière inerte.

Flux et reflux étonnant de grandeurs et de petitesses, il va d'Hercule au rachitique, du furieux rugissant à Pithagore et à Socrate. Y aurait-il là deux races distinctes ? Quelle origine donner à cet être complexe, l'ange ou l'orang-outang ? Ces propositions ont été discutées sérieusement, et établies sur des preuves que leurs auteurs jugeaient assez concluantes.

Eh bien, non, l'homme n'a pas de parenté directe, immédiate avec les créatures qui nous sont connues ; il rompt l'échelle qui paraît à quelques philosophes, unir par une progression régulière, le ciron et le polype au créateur. S'il touche à l'ordre animal par sa constitution physique, et à l'ordre divin par son intelligence, la somme de ces deux éléments réunis, l'élève néanmoins au-dessus du quadrupède le plus parfait, autant que ses imperfections et ses faiblesses le placent au-dessous de l'être suprême.

En quoi cette infériorité des animaux ? diront certains anatomistes. Un grand nombre surpassent sa force, son agilité ; tous lui sont supérieurs par l'instinct de la conservation. C'est à eux, dit Pope l'optimiste, qu'il doit les premiers éléments de l'industrie et de l'association. Le castor lui apprit à bâtir, la nautile à naviguer, l'abeille lui fournit le modèle de la monarchie, la fourmi celui de la république. Qui pourrait expliquer l'usurpation de ce titre : *roi de la nature*, si ce n'est l'audace de son orgueil. L'homme, froidement considéré par le matérialiste, dans les combats constants de sa fragilité et de ses illusions, de sa folle gaîté et de ses souffrances, ne fait qu'ajouter à ses déceptions en s'efforçant de prolonger cette vie misérable. Le sage, dégoûté de tant de faiblesses, doit hâter son départ d'ici-bas, car, pour qui ne croit pas à un lendemain, le néant des athées est préférable aux vicissitudes terrestres. Appuyé sur ce raisonnement du désespoir, qui donc en suspend la conséquence rigoureuse, qui nous arrête devant le suicide, route si directe et si facile pour échapper au mal et atteindre le repos ?

Une certaine théorie de dévouement, la fraternité des douleurs, répondent les fourriéristes ; on a des frères à soulager, et travailler pour ceux qui ne veulent pas quitter la vie, devient une consolation, un devoir. Une consolation dans le travail, de qui l'attendre ? Du fléau qui renverse

en un moment le fruit de plusieurs années de sueurs ? Des bêtes fauves,
ou des bandits leurs émules, qui enlèvent le pain recueilli, l'abri labo-
rieusement élevé..... un devoir ? Qui pourrait obliger à alimenter une vie
qui n'aurait d'autre but que la douleur, la calomnie et l'ingratitude ? et
fût-elle un Eden de vertus et de jouissances, vaudrait-elle la peine qu'on
s'attachât à un songe, dont le souvenir ne traverserait pas une génération
oublieuse ?

On a beau échafauder des systèmes avec art ; la constance dans le travail, la résignation dans le malheur, sont des vertus dérisoires, toutes les
fois que les considérations ne s'étendent pas au-delà de l'homme et de cette
vie.... La sagesse donnerait presque la palme au manichéisme, qui, pour
éviter aux âmes les misères décevantes d'ici-bas, interdisait l'union des
corps, et condamnait ainsi la race humaine à rentrer dans le néant d'où
Dieu l'avait retirée dans un jour de colère. Théorie qui concluerait forcément à ce suicide moral, consommé par la paresse et le désespoir, et qui
n'est pas moins que la mort volontaire une abdication des facultés de
l'existence, une forfaiture à notre mission d'activité.

Tel est le gouffre désespérant où le sophiste s'est précipité par une fausse
appréciation de la nature de l'homme ; mais il est temps de dissiper ces
tâtonnements, de rejeter ces antithèses. Pour sortir de cet impasse, Dieu
nous tend la main, le bon sens lui-même nous éclaire, refuserons-nous
de les écouter ?....

RAISON ET BUT DE L'HUMANITÉ.

Dieu créa l'univers, manifestation visible de sa puissance, dont la faible
partie que nous connaissons nous éblouit..... Ce Dieu, *pour qui les siècles
sont des heures et les minutes des années*, pour qui le soleil est un ver-lui-
sant et l'immensité une tente, plaça la terre dans un point de l'espace, et
sur la terre, l'être organisé. Il mit en lui le levier de l'émulation, qui le
fait toucher aux demi-dieux, quand il sait l'apprécier, et qui le laisse re-
tomber plus bas que la brute quand il le dédaigne ; cette émulation, en
voici l'origine.

Toute force intelligente est synonyme d'activité ; toute activité normale,
crée, conserve, améliore ; toute activité déréglée, renverse, détruit. A
Dieu, intelligence suprême, appartient la création suprême ; à l'homme,
intelligence bornée, mais étendue, appartient une création bornée, mais
étendue ; l'insecte même apporte un certain concours à cette conservation
de l'harmonie universelle. La corruption seule fait dévier l'homme de
cette loi ; dans sa chute, il rencontre la bête féroce, et il semble lutter
avec elle de fureur destructive.

Quelque admirable que soit l'organisation de l'homme intelligent, et
du globe inerte, quelque proportionnalité qui se rencontre dans le choc
des forces diverses, malgré la richesse de la végétation intertropicale,

malgré la douceur des climats tempérés, on comprend une végétation plus utile et plus régulière, une température artificielle plus favorable à l'homme. C'est donc une lacune dans l'œuvre du créateur. Oui, mais une lacune providentielle. Quelle main, quel génie osera entreprendre de la combler? C'est ici que la fierté de l'homme est excusable, c'est ici que sa dignité éclate dans toute sa grandeur; car c'est lui que le créateur a choisi pour continuer son œuvre, et la conduire à ce degré de perfection dont Dieu seul peut connaître le dernier terme, et qu'il ne nous est pas donné de prévoir, puisque chaque nouvelle amélioration vient reculer les limites que nous avions d'abord assignées à nos découvertes. Alors l'orgueil nous saisit en songeant à notre immense empire sur les plantes, les animaux, les éléments, sur nos semblables même; un orgueil poussé jusqu'à la frénésie, car la folie de l'apothéose couronne le caractère de presque tous les héros; Alexandre se fait adorer à Hammon, les empereurs romains placent leur trône dans l'Olympe, Mahomet, Confucius, Odin, se familiarisent avec la divinité, au point de se confondre avec elle. Mais du héros mort, il ne reste qu'un cadavre; leçon constante opposée à une vanité incurable. Ainsi, la puissance du génie, trouve son remède dans sa propre exagération; et du sublime au ridicule, Dieu n'a ménagé qu'un pas. Ne fallait-il pas mettre des entraves à l'audace humaine et lui rappeler sa faiblesse réelle, quand elle prétend escalader le Ciel?

Soyons plus modérés, ne franchissons pas les limites de notre nature. La mission qui nous a été donnée est encore assez-belle. Cette grandeur ne doit pas nous enorgueillir, car la vanité est crime et faiblesse, mais nous donner la conscience de notre devoir et le courage nécessaire pour le remplir.

Considérons la terre sortant des mains de Dieu, et encore vierge du travail de l'homme; sphère hérissée de montagnes, couverte de forêts et de déserts, elle présente au nord les frimats, les glaces, les steppes inhabitables; dans les climats tempérés, les forêts, les landes, les marais. Dans les régions équinoxiales, les sables brûlants, les vents mortels, les reptiles et les animaux féroces: partout, au midi comme au nord, des fleuves vagabonds, des eaux sans utilité, la désolation et le chaos.

Le créateur s'était arrêté là. Il forme l'homme, et par le secours de ce nouvel ouvrier, la création reprend sa marche. Nous avons vu le globe de Dieu, que nous offrira celui de l'homme après quelques siècles?

Les fleuves, ces éléments indomptés de destruction: s'apprivoisent à son commandement: les digues les arrêtent et utilisent leurs forces, les barques les sillonnent, les ponts les franchissent; le fier Océan se courbe sous les vaisseaux, et au lieu de séparer les peuples, il devient un moyen de communication. Les montagnes laissent perforer leur granit; les eaux aménagées portent la fraîcheur et la fertilité dans les lieux les plus arides; les forêts cèdent la place aux moissons. L'homme, vainqueur des animaux et des glaces polaires élève des cités opulentes dans la patrie des tions. Dans les brouillards du nord, qu'on aurait crus inabordables; des flots de lumière artificielle dissipent les ténèbres jusques sur les écueils des mers; la vapeur dompte les tempêtes, et les aérostats explorent les espaces. Maître presque absolu de la nature entière, l'art extrait les gaz, les couleurs, les sucs les plus secrets des fibres, des plantes et des entrailles de la terre. Transformées par ce travail intelligent et opiniâtre, l'Europe, l'Asie, l'Amérique ne sont plus aujourd'hui que des campagnes fertiles parsemées de monuments, de villes merveilleuses. L'Afrique et l'Océanie seules, privées du mouvement impulsif de la civilisation, demeurent dans un état voisin de la désolation première, comme pour faire ressortir le contraste. Élevez-vous au-dessus du Sahara ou des steppes du Tanaïs, et regardez la terre de Dieu; élevez-vous sur les plaines du Rhin et de la Chine, sur les cités de la France ou de l'Inde, considérez la terre de l'homme, et voyez si les progrès qu'il a fait faire à l'œuvre de Dieu, ne doivent pas l'animer d'une estime profonde et légitime pour lui-même.

Mais quelques grands que soient les résultats obtenus, quelle émulation ne doit pas inspirer ce qui reste à faire! Sans s'occuper des continents ignorés de l'Afrique et de l'Océanie, qui attendent la civilisation, quelle carrière ouverte au génie créateur chez les peuples même les plus avancés?

Les fleuves opposent à la navigation des alternatives d'inondation et de sécheresse; l'art peut y substituer des canaux dormants, aussi aisés à remonter qu'à descendre. Les rivières, délivrées du fardeau de la navigation et consacrées à l'arrosement, la vapeur appliquée au labourage, peuvent décupler la fertilité terrestre. Nos villes sont grandes, mais la plupart irrégulières. Qui s'oppose à ce qu'elles deviennent des palais parsemés de jardins; les campagnes sont habitées, mais bien éloignées du foyer de l'intelligence et du bien-être. Les voies de fer multipliées, rendront tous les hameaux, faubourgs des grandes cités, et feront participer le villageois aux bienfaits de l'association et des lumières, le bourgeois au calme des champs, et à l'utilité des travaux agricoles; l'éloignement rend encore les grands peuples ennemis et jaloux, la rapidité des communications réduira le globe aux proportions d'un parc, dont les capitales seront les kiosques, et tous les habitants les citoyens d'une même patrie, n'ayant qu'une même langue, une même civilisation.

Serait-ce un rêve chimérique? Ah! il reste moins à faire qu'on n'a déjà fait; si la prodigieuse somme d'activité, employée à détruire, avait été dirigée vers les améliorations matérielles: on aurait dépassé ce qu'il nous est donné de concevoir. N'a-t-il pas suffi aux Égyptiens de quelques règnes de paix pour détourner le Nil, élever les pyramides et ces milliers d'obélisques, de temples et de palais dont les débris étonnent l'imagination? Et cependant il y a deux mille ans de cela. Ne craignons pas que la carrière se ferme devant notre ardeur. Les conquêtes du génie s'amoncèlent et se servent de piédestal mutuel pour découvrir un horizon toujours plus vaste, et la matière bornée semble offrir le singulier mystère d'un perfectionnement presque sans bornes.

Mais ce témoignage éclatant touche peu le pessimiste obstiné ; il persiste dans le repos du désespoir, prétendant que ces améliorations apparentes n'ajoutent rien au bonheur de l'homme. Ce sophisme ne peut soutenir l'examen ; néanmoins, sacrifions, aux spiritualités exagérés, les conquêtes matérielles, attachons-nous à celles de l'intelligence ; le champ qu'elles offrent n'est pas moins étendu.

Quelle est la dose de connaissance que l'homme apporte en naissant ? Nous n'interrogerons pas le sauvage, qui n'est, dit-on, qu'une dégénérescence de l'homme primitif ; mais l'enfant éclos au sein d'un état civilisé ; que serait-il, sans l'héritage moral et scientifique que ses pères lui transmettent ? Un avorton qui ne communiquerait avec ses semblables que par des cris de bête, qui ne saurait d'où il vient et tout aussi peu où il va ; qui, terrorisé par l'orage, fasciné par le serpent, effrayé par le tigre, s'inclinerait devant eux et les adorerait ; une espèce de singe sans idées, d'avenir, sans notions d'origine, qui ne se conserverait et ne se perpétuerait, que par le mouvement instinctif des organes.

Quelle distance franchie par l'homme civilisé ! L'étude et la comparaison perfectionnant les instruments de la parole , il a découvert ce langage articulé, conquête suprême qui a fait penser que Dieu seul avait pu lui en révéler les principes. Sa raison, appliquée à la découverte des phénomènes moraux, devine les rapports qui unissent la créature au Créateur ; elle fixe les lois du juste et de l'injuste, donne à l'âme cette délicatesse de sentiment, à l'esprit cette souplesse communicative, mère de la civilisation que nous avons eu la gloire d'atteindre. Les sons articulés n'ont pas même le privilège exclusif de transmettre les impressions ; les signes conventionnels, multipliés par l'imprimerie, répandus par l'activité des communications, rendront bientôt tous les habitants du globe, disciples de toutes les pensées nées dans les siècles antérieurs et dans les siècles modernes.

Et ceci est l'œuvre de l'homme tout entière ; Dieu n'a fourni pour matière première que l'aptitude au perfectionnement, comme il fournit ce bloc informe qui, sous le ciseau de l'art, devient homme par la ressemblance des lignes, et presque intelligent par la pose et le regard.

Mais, dira le misanthrope, à quel résultat réel aboutit cet excès scientifique dont nous sommes submergés ? Le luxe énerve et rabougrit, la chimie invente la poudre fulminante et l'acide prussique ; le philosophisme trouve des arguments pour justifier les vices, sanctifier les turpitudes, déifier les monstruosités ; ces découvertes de l'étude sont-elles moins funestes que le repos indolent de l'état de nature ? Non, mais nous répondrons que cette aberration de l'esprit montre qu'il reste beaucoup à faire et porte un démenti aux orgueilleux qui prétendent être arrivés aux dernières limites de la perfectibilité, et n'avoir qu'à s'endormir dans la jouissance de ces ébauches. Ah! c'est peu d'avoir trouvé les leviers de la matière, les instruments de la logique, c'est l'harmonie qu'il faut établir entre ces forces diverses; car l'harmonie seule est fertile, fondatrice, et conforme aux lois de la providence. A quoi aboutirait la création, si Dieu s'était arrêté à la formation d'un soleil brûlant, de planètes immobiles, sans corrélation de marche d'attraction et de lumière? A quoi servirait au mécanicien de composer les divers rouages d'une horloge, s'il n'imprimait pas la régularité à leurs mouvements. Si grand que soit le cahos intellectuel et moral qui nous environne, il ne nous fait pas désespérer de l'avenir. Un exemple, quelque formidable qu'il soit, doit céder à d'autres exemples; si un mauvais usage de la puissance humaine a conduit au développement de la corruption; dans d'autres temps, un emploi mieux entendu a produit un ordre moral, source de notre émulation et de nos espérances. Consultez Platon et Socrate; pourquoi douter que leur sagesse, obtenue par exception, ne puisse se répandre et se généraliser. L'Évangile n'a-t-il pas rendu vulgaires, les principes de la morale la plus sublime? Aucun élément ne manque donc à l'homme pour atteindre à cette perfection presque céleste dont les apôtres et les pères ont été une étonnante personnification. Si les populations dévient et sombrent; c'est en quittant les routes de la révélation. Quelles y reviennent, au lieu de s'en éloigner, et la société réalisera l'hymen de la paix et de la félicité dans la vertu.

Et c'est en présence des résultats acquis, des immenses progrès qui restent à réaliser dans le domaine matériel, dans le domaine moral, que nous tombons découragés, prétendant que la persévérance et le dévouement sont impuissants à conduire l'humanité au bonheur qu'elle espère.... Ce raisonnement du désespoir ne soutient pas l'examen; ce n'est pas l'horizon, ce ne sont pas même les motifs d'encouragement qui nous manquent, c'est la déception, les obstacles, l'envie jalouse, qui brisent nos forces..... Ne sommes-nous pas un peu responsables de ce funeste résultat? Pourquoi s'exposer volontairement à la déception, en essayant d'étreindre un objet disproportionné avec nos forces? Au lieu de s'attacher obstinément à des entreprises démesurées, pourquoi ne pas nous contenter d'une tâche secondaire? Ne pouvant être architecte, soyons maçon, nous n'en concourrons pas moins à l'édification du monument. Le cheval veut-il se soustraire à tout travail, parce qu'il est moins robuste que le buffle, et moins rapide que le cerf. A chaque force sa tâche, à chaque tâche son mérite.

Nous parlions d'obstacles; nous en rencontrons sans doute, mais pourquoi nous en irriter? La nature ou les hommes, sont-ils faits pour nous obéir aveuglément? Nous ne serions pas hommes alors, nous serions Dieu. Notre esprit, trop imparfait pour saisir d'abord toutes les modifications des choses sur lesquelles il expérimente, ne doit-il pas se résoudre à tâtonner, à tourner ce qu'il ne peut franchir d'un bond? Dieu mit bien six jours pour faire le monde, il le défit même, peu de temps après, comme s'il eût été mécontent de son ouvrage, et le monde qui succéda au déluge, ne ressembla que de loin au monde primitif. Ces tâtonnements n'étaient ni incertitude, ni impuissance; mais une leçon de persévérance qu'il voulait donner à la créature.

Parfois, l'envie, la calomnie nous atteignent, mais le Christ mort, abreuvé d'ignominie, ne nous enseigne-t-il pas la résignation dans les revers? D'ailleurs, quel est notre mérite, pour que tout doive céder instantanément à nos désirs. Simple membre de la famille humaine, sachons reconnaître des égaux sinon des supérieurs; et permettons à ces égaux les contradictions que nous nous permettons envers eux.

— Mais l'homme est si pervers, dit-on. — Eh bien, soyons encore plus persévérants: toutes nos douleurs, tous nos échecs viennent de la fausse et poignante pensée que nous travaillons pour des ingrats. Alors dégoûtés de l'aveuglement et de la corruption d'hommes qui ne veulent pas comprendre nos efforts, nous prenons la race humaine en horreur. Et comme notre âme a besoin d'un objet de contemplation, elle se replie sur elle-même, et se complaît dans l'admiration de sa perfection chimérique. *Le moi* se pose comme un centre du monde, autour duquel tout doit converger, et au lieu d'accepter les lois ordinaires de l'existence, il rêve à une position toute exceptionnelle, inventée par la seule vanité. Une fois arrivé à ce piédestal chimérique, comment la résistance des hommes ne serait-elle pas taxée d'ingratitude sacrilège, puisqu'elle refuse d'encenser ce *moi*, dont nous avons fait presque un Dieu; de là, cette lutte acharnée, honteuse, de l'individu contre la société, de l'égoïsme contre le dévouement. Pour escalader le trône de la renommée, il n'est pas de moyens illégitimes qu'on ne tente; les sentiments sont soumis au calcul, l'amour à la spéculation, le patriotisme se met aux enchères; dans la vie privée, l'isolement ou la stérilité, ces malédictions antiques, sont envisagées comme des sources d'enrichissement et de tranquillité, non moins prudentes qu'honorables. Ce qui aggrave le mal, c'est que cette destruction de la morale, loin d'être extravagante, se lie avec une rigoureuse conséquence à tous les principes de l'homme moderne. Les charges d'une famille étant onéreuses, il suffit d'oublier l'amour paternel, pour que l'économie se débarrasse de toute occasion de dépense étrangère à soi-même. Le patriotisme étant un dévouement à ses concitoyens, un sacrifice généreux du bien-être, du repos, du sensualisme, le moi n'a qu'à se placer au-dessus de tout point de comparaison, pour fouler aux pieds et immoler à son élévation la patrie, l'humanité entière.

Revenons au vrai. La déception et le dégoût seront au bout de toutes nos entreprises, tant que nous ne leur donnerons qu'un but personnel ou humain. Rejetons la pensée stérile que le *moi* peut être le pivot d'un système social; habitants d'un globe qui n'est plus le centre de l'univers, mais une simple planète, replaçons-nous, chacun, au niveau de nos semblables, posons-nous en mandataires de Dieu, appelés à concourir à l'amélioration de son œuvre. Alors, fortifiés par la grandeur de cette mission, il n'y aura pas d'orgueil assez exagéré, de jalousie assez puissante pour pouvoir nous empêcher de travailler au bien général. Cependant les indécis feront une dernière objection : s'il nous était donné d'imprimer à l'humanité un de ces grands mouvements de marche, qui font la gloire impérissable de leur auteur, diront-ils; si nous pouvions égaler Newton ou Pithagore, Aristote ou Christophe Colomb, l'importance du résultat nous fortifierait contre les labeurs et les épreuves. Mais bornés comme nous sommes pour la plupart, dans nos moyens d'actions, réduits à une tâche imperceptible dans ses produits, immense seulement dans ses dégoûts, qui nous donnerait la force d'y rester enchaînés ?

Quoi, vous voudriez obliger la gloire à accourir, tout d'abord, sans lui donner le temps de vous connaître ? La gloire n'est qu'une exception; êtes-vous donc des êtres exceptionnels, pour ne pas vous soumettre à la règle commune ? Le modeste laboureur qui trace courageusement son sillon, au bout duquel il ne trouve qu'une grossière nourriture, est plus sage que le dédaigneux insensé, qui, ne pouvant atteindre à la hauteur d'un génie créateur, méprise un travail vulgaire et demeure dans une oisiveté improductive. La civilisation marche quelquefois par saccades, les grands hommes lui impriment ces rapides élans; mais sa marche normale est lente, graduée, et tout homme peut concourir à cette impulsion, quelque faible que soit son action personnelle. Les efforts individuellement imperceptibles obtiennent de grands résultats en additionnant leur valeur. La majesté du fleuve, l'impétuosité du torrent, ne sont-elles pas le produit de simples molécules d'eau réunies ?

Étrange disposition des talents médiocres ! dédaignant de reconnaître des égaux dans leurs frères, et un supérieur en Dieu, ils s'obstinent dans un isolement vain et impuissant, source permanente de regrets et de honte; ne considérant rien au-delà de leur personnalité actuelle, ils disséminent leur talent, non pour fonder, mais pour jeter quelque éclat passager; nulle flatterie ne peut les satisfaire : le Marino se fait décerner les honneurs du triomphe à Naples; Lebrun, dans une ode emphatique, se place presque aux rangs des dieux. Les véritables grands hommes, au contraire, peu soucieux de la fortune et de la gloire contemporaine, trouvent leur force et leur récompense dans la satisfaction d'une destinée bien remplie. Demandez à l'histoire si la modestie et le génie ne sont pas inséparables. Homère, Platon, Archimède, Dante, Pascal, Michel-Ange, Corneille, Leibnitz embouchent-ils la trompette, pour attirer les regards et obtenir les vivats; retirés en eux-mêmes, ils se complaisaient dans l'exécution de leurs œuvres, ils seraient morts dans la pauvreté et l'isolement, si quelque protecteur n'était venu les élever à la place qui leur était due; mais chez eux, jamais de colère contre l'ingratitude, jamais de plaintes contre le malheur !... Pourquoi cette sérénité ? C'est qu'ils s'effacent devant le Dieu qui parle en eux : *Deus est in nobis;* comprenant l'éternité, ils n'attachaient pas de prix à une gloire passagère..... Le vulgaire accuse la providence d'injustice, parce que ces génies paraissent mal récompensés ici-bas; s'il pénétrait dans leur âme, il la verrait s'enfuir de cette vie, calme et heureuse du bien qu'elle a fait, et alors, au lieu de les plaindre, il envierait leur félicité non moins que leur gloire.

Ces lois de probité suivies et révélées par les grands cœurs, descendent à la portée de tout citoyen, quelque échelon qu'il occupe comme homme public. Débiteur envers l'état de son activité, de ses talents et de son patriotisme, l'homme probe regarde en pitié ceux qui se réfugient dans l'égoïsme du bien-être oisif..... Pour lui, les exigeances des contemporains, les anciennes inimitiés, les craintes de l'anarchie, ne sont pas des motifs de repos et d'indifférence. S'est-il attaché par serment à un ordre de choses politique? il le défend sans ambiguïté jusqu'à sa dernière heure. Jamais ses actions ou ses paroles ne sont une forfaiture à ses engagements; jamais la restriction mentale, cette honte éternelle des consciences délétères ne souille son caractère; il ne comprend pas ces alliances restrictives entre partisants d'idées irréconciliables, qui s'unissent pour détruire, et sont pressés de changer après la victoire leurs étreintes d'amis, en étreintes d'étrangleurs!..... Cependant, quelque solennel que soit l'acte qui l'oblige envers les personnes et les faits, il ne peut méconnaître le principe de droit : *cessante causa cessat effectus;* les principes seuls sont indestructibles, les personnes et les faits sont fragiles et changeants; l'ancien ordre de choses tombe-t-il malgré lui; si l'ordre nouveau ne renverse pas ses doctrines, il ne refuse pas de s'y associer, ne connaissant pas de loi qui l'oblige à sacrifier l'utilité commune à une misanthropique bouderie. Exposé par nos mœurs politiques, aux regards scrutateurs de concitoyens qui classent, honorent ou renversent, il se garde de briguer l'élévation ou d'éviter les chutes en déguisant le fond de son cœur, laissant aux malfaiteurs le soin de se soustraire aux poursuites en changeant d'habit et de figure. On vante l'habileté, et lui la méprise comme une double déception, qui donne au commettant un caméléon, à la place du défenseur qu'il cherchait, et à l'élu, au lieu d'amis dévoués, des ennemis qui le méprisent à juste titre.

Cependant les opinions divergentes se comptent par milliers, et sont également opiniâtres; comment s'offrira-t-il à elles, pour les rallier autour de lui? Tel qu'il est et qu'il fut. Il y a des faux en paroles comme en écriture; quiconque gagne son procès en produisant des pièces falsifiées, ne doit attendre ni pardon ni pitié, quand ses substitutions seront découvertes.

Si, malgré sa droiture, la popularité l'abandonne, il sait se résigner sans tenter d'effort déloyal pour la retenir. Mais qu'il se rassure, le calme et la fixité de ses opinions, lui ramèneront bientôt plus d'amis qu'une

stratégie fallacieuse n'aurait pu lui gagner de partisans intéressés ; et si
sa sincérité ne peut contenter toutes les opinions, sa loyauté du moins
le fera respecter de toutes. Il peut être vaincu par des adversaires plus
habiles à exploiter les illusions et les antipathies ; mais la versatilité des
autres ne saurait justifier la sienne, il aime mieux tomber avec dignité
que de triompher par la ruse, et il remporte toujours cette victoire de la
conscience qui dédommage avec usure de l'échec de l'amour propre.....
Malheur à ceux qui ne radoubent leur barque chancelante qu'à force de
manœuvres habiles ; leur supercherie ne sert qu'à excuser celle des autres, sans empêcher le fatal naufrage d'arriver tôt ou tard. Une fois
tombé dans le cercle vicieux des finesses réciproques, on cherche à se
surpasser par les tromperies ; où conduit cet échafaudage de moyens
illicites ? A un cataclysme inévitable. Le jour des comptes-rendus arrive,
et les rusés ajoutent aux reproches des contemporains, le fardeau de leurs
propres remords. Mais l'homme qui a su descendre avec loyauté, conserve le calme de l'âme, le respect des honnêtes gens, et revenant
à nos conclusions, il répète : le bien que nous faisons doit avoir un but
plus élevé que la faveur des hommes et l'engouement passager de certains
amis. Rester patient, modeste, et plus fort que la jalousie, sont les
moyens de succès les plus durables, parce qu'ils sont basés sur l'estime
des autres et de soi-même..... Les faibles rendent la fatalité responsable de
leurs échecs et de leurs douleurs ; ils ne doivent les attribuer qu'à l'orgueil ou à la paresse, cachés au fond de toutes leurs illusions trompées,
de toutes leurs tactiques coupables ; plaçons la grandeur du mandat social,
la conscience d'un devoir rempli au-dessus de toute autre considération ;
alors les passions des mortels nous paraîtront si mesquines, leur ingratitude si impuissante, qu'elles glisseront sans rider notre courageuse man-
suétude.

Que les hommes politiques se pénètrent bien de ces devoirs, et nos
théories d'équilibre passeront dans la pratique, par cette influence natu-
relle de la saine raison, que Platon voulait révéler aux hommes, et de
la philosophie chrétienne dont Royer-Collard appelait l'application de
ses vœux.

FIN.

TABLE ANALYTIQUE.

FIN DE LA TABLE.

Toulouse, impr. d'Aug. de Labouïsse-Rochefort.

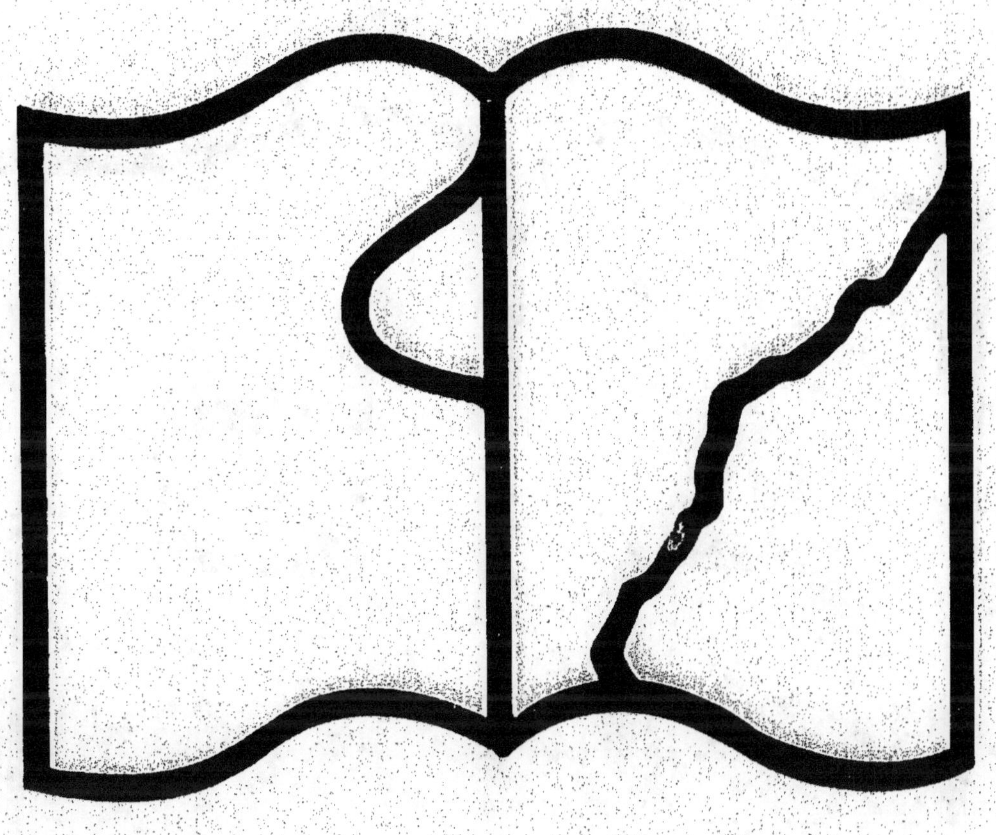

Texte détérioré — reliure défectueuse

NF Z 43-120-11

Contraste insuffisant

NF Z 43-120-14

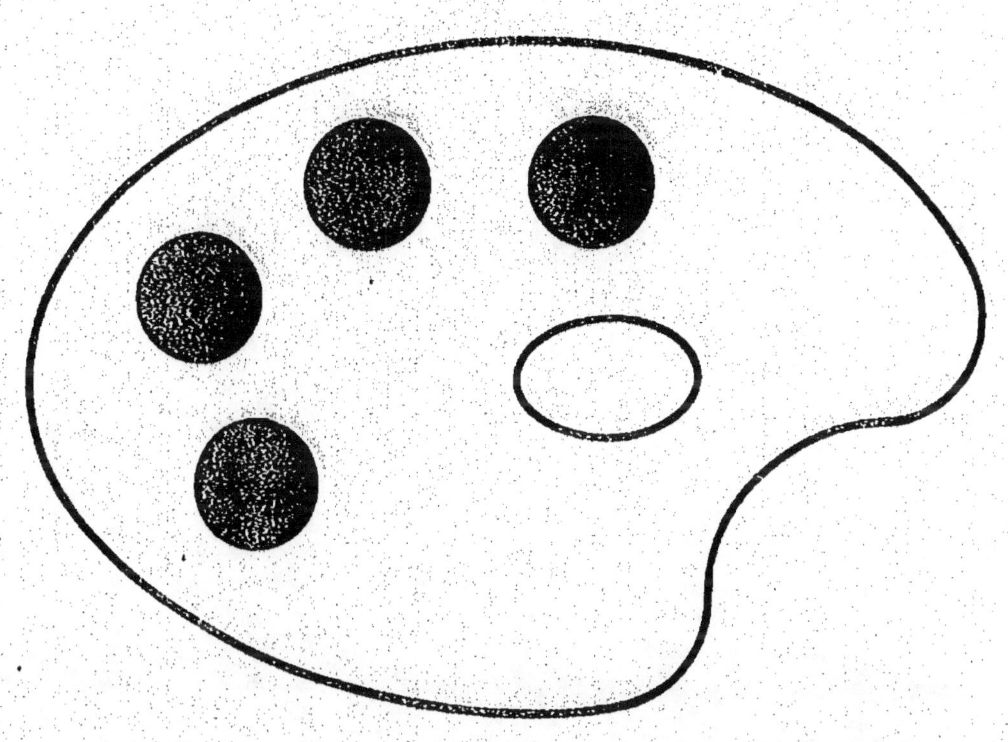

Original en couleur

NF Z 43-120-8